U0093673

荒地之花

震災風俗孃

三一一地震災區的九個風俗女子

小野一光

李舜文——譯

沐風文化

目次

第一章

瓦礫堆中的風俗店

瓦礫の先に現れた風俗店

二〇一一年三月十一日，時間接近下午三點——。

我為了出差來到福岡，工作結束後和國中時期的損友一起喝著罐裝咖啡。在我的故鄉北九州市有座可以眺望關門海峽的觀景台，從連接九州與本州的關門大橋看過去，望著海上來來往往的貨櫃船，眼底下的景色令人感到懷舊而心情平靜。

我心裡盤算著，反正沒什麼要緊事，今晚先去小倉市區喝個酒，明天再回東京也無妨。

正想拿菸出來抽時，長褲口袋裡的手機震動了一下，不經意地瞄了一眼畫面，是從簽約的通訊社送出的新聞快報推播，點進主畫面卻不是平常會看到的長篇記事，而是簡潔的一行文字。

〈宮城縣栗原市地震震度7〉

「震度七！」（註1）我不知不覺提高了音量。

「怎麼了嗎？」身旁的損友出聲問我。

「宮城縣的栗原發生震度七的地震，不好意思，你送我到小倉車站吧。」

第一個浮現的念頭，就是得儘快趕去現場。

二〇〇七年七月，發生震度六強（註2）的新瀉縣中越沿海地震（註3），當時我正在秋田市採訪，剛租好車，一得到消息便馬上驅車沿著海濱公路南下直奔現場。在那次地震兩年前，發生最大震度六弱的福岡縣西方沿海地震（註4）時，也是我人剛好在北九州市，租了車又轉搭接駁船，才趕在太陽西下前抵達受災最嚴重的玄界灘群島進行採訪。

註1　二〇一一年三月十一日下午兩點四十六分，發生震源在西北太平洋海域、芮氏規模９．０的地震，最大震度發生在宮城縣栗原市，隨後引發海嘯，總浸水面積達５６１平方公里；更導致了福島第一核能發電廠連串事故，統稱為「東日本大震災」。這場震災的死亡人數１５８９３人，失蹤人數２５５６人，避難者１３萬７４０人（警察廳二〇一六年十二月十日發表），超過四十萬棟建物損壞，是日本史上傷亡極慘重的自然災害之一。

註2　日本地震強度分級由日本氣象廳制定，描述某一地點所受的搖晃程度。五級以下與台灣相同，五級與六級則再區分為強與弱；本文中出現的六強表示「無法站穩，只能在地面爬行」；六弱表示「難以站穩」。

註3　這起地震被日本氣象廳正式命名「新潟県中越沖地震」，發生於二〇〇七年七月十六日，芮氏地震規模６．８。

註4　日本氣象廳命名這次地震為「福岡県西方沖地震」，發生於二〇〇五年三月廿日，芮氏地震規模７．０。

有了類似經驗，我養成了無論如何一定要排除萬難到達現場的習性。更何況，日本從一九九五年阪神淡路大地震（註）之後，再也沒聽過震度七這樣大的數字。那次由於工作耽擱，到達神戶已是地震發生一個星期後，因為兒時印象深刻的神戶街道產生太過巨大的變化，到現在只留下自己啞然無語的記憶。二〇〇八年時為了採訪一樁凶殺案，在被害人住家所在地栗原市待過一陣子，對當地還算是熟稔。「不知道這次地震後，那裡到底會變成什麼樣子？」我不禁想著。

我把寄放在投宿處的行李堆上損友的車，開往小倉車站的路上，車內廣播報導著岩手、宮城和福島三個縣的災情不斷擴大，連東京都創下震度五的紀錄。

「不知道家裡狀況如何？」我心想。一知道連東京都震得這麼大，我立刻撥了手機給妻子，第一次還打不通，第二次才幸運地聯絡上。

「太好了，我這邊打了好幾次都找不到你呢。」電話那頭的妻子告知搖得很厲害，不過東京家裡跟娘家都平安無事。

「知道了，那我可能要去趟東北。」

切身相關的不安因素減少了一個，心情頓時輕鬆許多。接下來便得考慮如何前往現場了。

以先前大地震的經驗來看，受災最嚴重的三個縣市，機場絕對封閉了。先以到達鄰近的青森、秋田、山形縣等地為目標，再租車前往災區，可能比較行得通。我先聯絡當時常有工作往來的雜誌編輯，這次也幸運地通上話，取得前往東北採訪的許可。

接著從小倉車站搭乘新幹線前往鄰近福岡機場的博多車站，在新幹線車廂裡用手機連進航空公司的網站，訂了下午四點半福岡飛羽田、再從羽田轉飛秋田的機票。原本還怕沒有機位，沒想到順利訂到票，心中大石又放下了一塊。

但這樣的想法還是太天真了。

從博多車站搭計程車抵達福岡機場，機場大廳已經出現長長的排隊人龍。剛好遇到認識的駐福岡記者正在拍攝排隊的畫面，我出聲跟他打了招呼。

「羽田機場似乎也沒辦法飛了呢。」他說。

根據他提供的消息，今天一整天往羽田的航班全都因故取消。這下不想別的

註　一九九五年一月十七日清晨五點四十六分，發生震源在兵庫縣南方淡路島附近的大地震，日本氣象廳所觀測到的地震芮氏規模為7．3，導致近畿地區大規模受災。這次震災造成6434人死亡、43792人輕重傷，是東日本大震災發生前，日本戰後最嚴重的自然災害。

方法不行了。

排隊排了三十分鐘左右，一到櫃台前我馬上詢問地勤人員目前是否有前往東部區域的航班。

「目前只能到石川縣的小松市喔。」

「好吧……」

我瞬間有點苦惱，看來也沒有其他選擇了。剛好還有空位，就直接訂了下午五點五分起飛的機票。這時早已超過四點半了。

前往登機門的途中還要安排租車。我先打電話到位於小松機場的租車公司，告知由於採訪需求想要去到靠太平洋側的東北地區。對方聽了我的說明後回答：

「若是能到新潟的話就離福島不遠了。」

租車公司能跨區還車的地區都是規定好的，若是從小松出發，無法到福島縣還車，但對方告知可以開到新潟的據點還，就先照這樣預訂下來。接著我又打到同一家租車公司在新潟的二十四小時營業據點，對方表示雖然有空車但必須回到新潟縣歸還。我沒有別的選擇，只能先訂下來，同時做好屆時再開回新潟還車的心理準備。

前往小松的班機準時起飛。考慮到在這之後必須長途開車，我決定在機上先讓身體休息一下，但不管再怎麼努力閉上眼睛，腦中浮現的還是方才看到的新聞畫面，完全無法入眠。

剛才在候機室，電視正在播放東北地區遭大海嘯襲擊的新聞。由於開放登機前所剩時間不多，又一直在打電話預約租車，我沒有將整則新聞看完，只能盯著電視銀幕前乘客們屏息的樣子。空拍捕捉到海嘯侵襲街道，電視畫面上的影像看起來毫無真實感。

當地現在到底變成什麼樣子了？

說起來我連能不能順利到達現場都還是個問題。

雖然知道一直想也無濟於事，但這些想法還是揮之不去。

就這樣東想西想時，飛機開始準備降落了。一位年輕空姐在我座位正對面的緊急出口旁坐著，我向她搭話說正要前往東北的海嘯災區採訪，她聽了臉上浮現不安的表情。

「我打過好幾通電話給在東京的家人，但都沒人接，不知道那邊有沒有怎樣。」

我告訴她自己稍早已經聯絡上人在東京的妻子，那邊雖然搖晃也很劇烈但災情並沒有那麼嚴重。

「這樣子啊，但是聯絡不上還是很令人擔心……」

以羽田機場已經封閉的狀況來看，今天晚上她是不可能回東京了。恐怕只能一直從石川縣打電話給東京的家人吧。

「聽說像這種時候，打對方付費的電話會比一般電話容易接通，你不妨試試看。」晚間六點十五分飛機降落，安全帶警示燈熄滅的同時我對她說。

到了小松機場出關大廳，找到租車櫃台，已經快晚上七點了。拜事先預約所賜，順利地取車，將導航設定好路線後，顯示到新潟大約有三百三十公里的路程。車子啟動後，廣播開始播送，遭到海嘯吞噬的街道名稱不斷交錯出現著。

「……並發現兩百具以上的遺體……」

還有類似這樣不尋常的資訊，還沒聽清楚就從耳邊消逝。目前我對災區還無法建立明確的印象，根據過去的經驗，災害、國際糾紛等事件發生後，時間拉得愈長，產生的變數就愈多，有時還會變成禁止進入當地的狀況。也出於這樣的經驗法則，我現在只想儘早趕到現場。

新潟車站前的租車公司燈火通明，到達時已是午夜零時左右。將開過來的車子歸還後又續租了新車，因為無法預估需要花幾天的時間，總之先租一個星期，對方告知之後要再延長的話也是可以的。

接下來在二十四小時營業的「唐吉軻德」(註)稍作停留。到了災區應該只能靠自己了，除了必需的水跟食物，也一併買齊雨靴、雨衣跟工作手套，還有能把車內點菸器轉成交流電的變壓器和頭燈之類的東西。

我的目的地是福島縣南相馬市的原町區，之前就在廣播裡聽到此區災情慘重。連接新潟與福島的磐越高速公路因為地震影響已經封閉，想當然爾是走一般道路了。雖然穿過會津或豬苗代湖的道路距離相對較短，但還是聽了租車公司建議，選了經由米澤的路線，輸入導航後顯示還有三百公里左右的距離。

凌晨一點啟程，開了一會兒車子便進入昏暗的山區道路，只能靠著導航的指引繼續往前。

註 「唐吉軻德」是標榜超低價的連鎖零售業，創始人為安田隆夫，一九八九年於東京府中開設一號店，現在是員工超過三萬人的上市企業，深受本地人的歡迎，也引發外國觀光客的爆買風潮。

「已進入山形縣」

機械式的語音迴盪在車內。但周圍一片迷茫，除了引擎聲外盡是寂靜。偶爾斷斷續續地聽到廣播裡傳來急促的人聲正在播報災區的狀況，除此之外就是無盡的漆黑，彷彿什麼事情都沒有發生。

不可思議的是我一點睡意都沒有，為了避免發生事故，得集中精神駕駛。

「已進入福島縣」

就算語音這麼說，周遭的景色卻沒有絲毫改變。山區還是一樣幽暗，能見度只有車頭燈照射到的範圍。我不禁懷疑真的有發生地震嗎？

再往前一些，看到有幾處道路扭曲出現裂痕，但還不到會影響通行的程度。我比先前更全神貫注在駕駛上，一路往沿海地區前進。

從飯塚交流道附近穿過伊達市，進入南相馬市時已是早上六點。天色逐漸變亮，開始看到路邊有一些斷垣殘壁。再繼續往前開了三十分鐘左右，來到名為萱濱的地區，不遠處停放的幾輛消防車正閃著紅色的警示燈。

看導航系統距離海岸線只剩兩公里了，卻無法再往前開。我找了個不會擋路的地方停好，換上長靴、拿著相機，一走下車，馬上就知道發生什麼事了。

路上全是爛糊糊的泥濘，四處胡亂散布著木材跟傢俱。海嘯竟然沖進離岸邊這麼大段距離的地方。

這些是什麼啊……

再往前走到視野比較開闊的地方，我不禁停下腳步。望過去眼前全是水、泥巴跟瓦礫，雖然有幾棟建築還殘存著房子的外型，但是再怎麼樣也走不過去了。

好幾位似乎是附近居民的人，跟我一樣駐足呆看著前方的一片泥濘。房子的牆面消失，以只剩下屋頂的型態矗立著；不知從哪漂過來的高壓電塔橫躺在路中央；到處都是整台翻覆令人不忍卒睹的車輛。

一片死寂。然而，再怎麼不願相信也只能接受這個現實。

我想在爛泥巴裡盡量往前移動，但接著看到的景象又嚇了我一跳，只能停下。腳邊能看到裸露出的混凝土，全都是房屋原有的骨架，抬頭一看，觸目所及全是無數相同的混凝土構造。房子原本應該是建在上面的，但現在不管哪個都已經看不出家的影子，這也代表著人們曾在此生活的一切都跟著付諸流水了。

這時我意識到後方好像有人，回頭一看，一位年長的男性拖著蹣跚步伐和我擦身而過，我看到淚水從他臉頰上滑落，想對他說點什麼，張開嘴巴卻找不到合適的語言。

在這個地區拍完照片後，徹夜未眠的我繼續往北方移動。一路經過福島縣的相馬市、宮城縣的山元町、岩沼市和仙台市等受災地區。半夜在岩手縣的奧州市水澤區找了地方投宿，以此處為據點，隔天開始，一連造訪了陸前高田市、大船渡市、釜石市和大槌町等好幾個位於岩手的災區，拍了照片，做了採訪，把這些寫成文字稿傳到東京的編輯部去。

這災難的規模如此巨大，在發生初期進入災區，死亡不斷迎面而來。路邊擱置著好幾具蓋著白布的遺體，由自衛隊員依序抬上擔架搬走。好幾次我發現還未有人處置的遺體，一路上到處呼叫人來幫忙。

雖然如此，每天早上我還是將飲用水和食物堆上車，開往遍布著絕望景象的沿岸地帶。結束一天的採訪後，再隨著夕陽西下開一百多公里路程回內陸。險峻的山路還殘留著積雪，一路上我只能把自己當作是根不會思考的棒子，一邊注意不要發生事故一邊握緊方向盤。

連續開了三個小時的夜間山路後，總是在前方一片漆黑中突然浮現出街道的輪廓，在一切災難還沒發生前，這大概也是再平常不過的日常街景，現在令人在意地變得猶如幻影一般。僅仰賴車頭燈照亮的山區，先是看到前方有些光線，不久後光源愈發明顯，一回神，人已身處燈火通明的內陸街區中了。這些街道和入夜後就被黑暗封鎖的災區，常在一瞬間讓我突然迷失了虛實之間的分界點。只是我很快就告訴自己，一切都是真實存在的。

這樣的日子不知重複過了多少天。

造訪位於宮城縣石卷市的大川國小（註）是在三月三十日，這所學校共有一百零八名學童和十三位教職員，其中有七十四名學童和十位教職員在震災中罹難。明明地震已經過了十九天了，此處的景物卻還像剛發生沒多久一樣。丘陵地上大量排列著孩子們使用的安全帽跟書包、筆盒、直笛等，全都沾滿

註　三月十一日的主震發生後，到海嘯襲來之間的大約五十分鐘，大川國小教職員僅將學童集中在校園空曠處，並未即時避難。教職員之間對於避難場所的選擇遲遲無法達成共識，最後選擇的避難地點仍然標高不足而被海嘯吞噬，造成此次慘事。廿三位罹難學童的家屬針對此事控告宮城縣與石卷市，二〇一六年十月廿六日仙台地方法院做出裁定，認為此事責任在於校方的過失，石卷市與宮城縣必須賠償總額十四億日圓給廿三名罹難學童的家屬。

了爛泥。校舍遍布著泥土與瓦礫，一旁有好幾位家長的身影，他們正拚命尋找著自己下落不明的孩子。

前方的泥沼水深及膝，自衛隊員和警察正徒手撥開水面上覆蓋的瓦礫，持續搜索遺體。跟在一旁貌似父親跟祖父的兩人，念小學的大兒子從海嘯後就不見蹤影。只要自衛隊員從沼底將遺體拉到水面上，他們就馬上抬起頭確認。我看著這幅景象，遲遲無法移開視線。

那天回程的路上我再次陷入「棒子狀態」，身體的本能發出警告，若是不強迫抽離所有思考，自己根本無法再去面對跟今天一樣的下一個日子。我一直處於這樣的狀態，連續三天前往現場。

在那之後，我收到一則消息，說是在同一地區有家風俗店，在地震發生後短短一個星期內就重新開始營業了。

這的確是難以想像的一件事情。

*

「之前啊，我在北上市叫了外送小姐（註），結果來了個十九歲的學生妹，說老家在沿岸地區，好像叫大船渡的地方吧。雖然家裡人都沒事，但是房子被沖走了，她爸工作的地方也毀了，弟妹年紀又都還小，為了家計才離家來到北上，開始做這個，聽了還真有點難過啊。」

時間來到四月上旬，幾天前我在某家餐廳認識了一位三十幾歲的公司老闆，在岩手縣北上市的酒吧聊天時，他隨口說了這些，我聽了不禁睜大眼睛。

「有這樣的事喔？」

他聽到我驚訝的聲音，露出一副「連這種事也不知道嗎？」的表情繼續說。

「震災發生也超過一個多月了，好像到處都開始出現像她這樣的女孩子。從其他店家那邊也有耳聞。對我來說啦，都已經付錢了，該做的還是會做，但還是感覺不太好你不覺得嗎？不管怎麼想都很奇怪，嗯……」

「是啊，嗯，是這樣沒錯……」

註　外送（デリバリーヘルス，Delivery Health）是一種無店鋪型的風俗服務，女孩子直接到客人指定的場所進行服務。服務內容並不包含俗稱「本番」的性器插入，女孩子用手部、嘴部或者素股（性器官摩擦）等技巧讓客人射精以完成服務。

我邊禮貌性地回答他，各種想法開始浮現在腦裡不停運轉著。之前我曾以「從戰場到性產業」為主題執筆，加上國際衝突或是凶殺案的採訪，多年來持續進行風俗女子的採訪。以踏入這個行業的契機為起點，探索她們在風俗業界的經歷、工作一段時間後心境產生的變化等，透過採訪的形式與她們建立關係。

其實只要發揮一點想像力，像他說的這種事情也是可以預想到的。只是面對眾多的罹難者和慘重的災情，身陷在災區悲慘漩渦中的我，實在無法多做聯想。

那時我已結束災區的採訪工作，回到內陸區，一些賣酒的店家開始營業了，每晚我都到店裡報到。讓自己泡在酒精裡，喝醉麻痺才能暫時忘記自我。雖然知道這樣不好，但不這麼做就無法將白天那些烙印在眼中的景象和在耳邊迴盪的對話從自身切割。比起肉體的勞累，我更想要驅逐精神上的疲憊。

跟當事者相較之下，身為旁觀者的我那小小的痛苦根本微不足道，甚至還有很多人身處於無法像我這樣借酒澆愁的惡劣環境中。想到現實，只能邊責備如此沒用的自己，邊將新的酒送進嘴裡。

對風俗業的重新投入關注，無疑是將武功全廢的我從谷底拉了出來。不論遭遇何種狀況，人類都無法脫離性、抑或必須透過性來尋求療癒，為了釐清這樣的事實，從她們身上聽取故事是當務之急。

如此相對敏感的內容不用點手段恐怕是無法涉及的，這是我首先面臨到的問題。為此，幾天後我打了電話給那位公司老闆，表示我想採訪那位受災戶出身的外送小姐，希望他能告訴我店名跟她的花名，結果他只事不關己地回一句：「我喝茫了想不起這種事啦！」此後就算喝酒時遇到，他也絕口不提之前尋花問柳的事。難道是在後悔自己太多嘴了嗎？他表現出來的態度好像在暗示我別再追問。

直接詢問店家是否有從災區來的小姐，這個選項在採訪初期我是直接跳過。以經驗來說，若沒有任何利益，店家根本不會想理我。當然也可以先成為常客，跟這些店長混熟後多少能獲得一些情報，但口袋不夠深，時間上也沒有那麼充裕。我也想過向店家提出一點好處，比如說爭取在雜誌上曝光。但這史無前例的災難才發生不到一個月，我很猶豫目前是否會有雜誌願意打這種廣告。

上網找資料時多少得到了一些線索。從網路上得知，在岩手縣沿岸某Q市附近有位從事外送服務的女性，年齡約四十歲。除了Q市，其他南北兩邊的城市也可以提供服務。店家的網頁上註明了可以外送的範圍，但是卻沒有寫小姐是從哪裡出發。之所以能夠判斷出是在Q市附近，是因為注意到車馬費的備註，根據地區不同從一千到三千日圓不等，但只有在Q市市區內是免車馬費的。

順帶一提，外送風俗是種沒有店面，直接將小姐「外送」到旅館或是客人家中的服務類型。主要服務內容不是被稱為「本番」的性行為，而是以幫客人口交或手淫為主。

我假裝是一般客人，打了電話給這位小瞳（化名，以下皆是）所屬的工作室，詢問是否可以預約。

「好的，沒問題，請問要預約什麼時候呢？」

一名男性接了電話，舉棋不定的我下定決心直接約了時間。順道問了Q市目前有正常營業的旅館，對方提供了其中兩間旅館名字給我。

都到這地步了，接下來就靠臨場反應了。

我穿越走過無數次的山路，開始前往Q市。

*

小瞳比我想像中還要美麗。由於我在東京會定期針對所謂「熟女・人妻」類型的小姐進行採訪，店家提供的照片跟本人差了十萬八千里是常有的事。要遇到本人也是美女的機率大概只有一成。雖然她在網站上放的照片除了一片馬賽克外什麼都看不到，但以過去的例子來說，不難想像可能是外貌平凡又有點年紀的女性。

沒想到來到房間的小瞳，除了那雙大眼睛旁有點魚尾紋之外，其餘地方都讓人感覺不出年紀，全身散發著冶豔的氣質。一頭漆黑的長捲髮，纖細的身材搭配著黑色基調的緊身套裝短裙。

「您好，我是小瞳，請多指教。」

禮貌地打了聲招呼後，她先把我脫下的鞋朝著玄關門的方向排好，然後把自己的高跟鞋同樣整齊地擺在一旁，才走進房間。

接著她坐到沙發上，詢問完我要買多少鐘點後，撥了電話給工作室報告鐘點數和到達旅館的時間。電話結束後她轉頭對著我，這時我下定決心開口了。

「那個，其實有件事想跟你商量一下……」

瞬間她像是在警戒什麼似地坐直身體，「請問什麼事呢？」她反問我的聲音裡夾帶著緊張感。

「啊，不好意思，我是做這個的……」

慌忙之中我從口袋裡拿出名片夾，遞給她一張印著我名字的名片。

「報導文學作家？」

她似乎還無法參透事情原委。

「那個，就是寫雜誌報導、或是寫書之類的工作。地震發生之後，我一直在做災區相關的採訪，如果方便的話，是否可以訪問你關於在災區從事風俗工作相關的事情……」

「您想知道些什麼呢？」

「例如說，從事這份工作的契機、地震發生時你在什麼地方，另外就是震災之後何時重回這份工作……諸如此類。對了，請問小瞳是Q市在地人嗎？」

「是的。」

「那麼海嘯來的時候你是在……」

「因為我住的公寓位在高處，就待在房間陽台眼看著海嘯沖進街上。」

小瞳說話聽起來已經沒有剛才緊張的感覺，語調柔和多了。我這才放心地繼續提出問題。

「看到那些熟悉的街道被海嘯吞沒的樣子，你不覺得很令人震驚嗎？」

「是啊，當下覺得一切都完了……對了，您買的鐘點部分沒有服務到沒關係嗎？」

「沒關係、沒關係，對我來說，能夠訪問到你就可以了。該付的費用也一毛不會少。」

我從皮夾裡拿出符合鐘點費數目的現金交給她。小瞳一臉狐疑地收下，可能正心想這個人到底是怎麼回事吧。

也許是該收的費用已經拿到，讓她感到放心了吧。針對開始從事性服務的初衷、震災之後何時再度開始派遣的工作，以及其中的原因等問題，她都逐一仔細地回答我。她的答覆都還算合理，整體上來說也沒有什麼前後不符的地方，有很大的機率是真實的情形而不是編造出來的。

直到時間即將結束時，我對她提出一個請求。

「因為還有一些沒有問到的問題，若是方便的話，能夠給我手機號碼嗎？除了採訪之外絕對不會打擾你的。」

「是可以啦。」

「好，那就麻煩你了，我這邊先打給你。」

拿出手機輸入小瞳唸給我的號碼，當場撥出後，房裡響起了來電鈴聲，是一首年輕女歌手唱的熱門情歌。

「你那邊顯示的就是我的電話號碼了。另外請教是否有不方便接聽的時段？比如說特定星期幾之類？」

「是沒有什麼特別不能打的時段，如果真的不方便的話我就不會接，到時就比較不好意思了……」

她的語氣柔和。從髮際還能聞到甜甜的潤絲香氣。

回程我自己開著山路，心情莫名高昂，有種輕飄飄的感覺。如果按照這個模式，我想其他女性的採訪應該也可以順利進行。為了彙整成長篇的文章，最少也要訪問五至六名女性，若能蒐集十篇以上的訪談是最理想不過的。老闆口中那位離開沿岸故鄉到內陸討生活的女孩子，難道真的沒有任何門路能找到她了嗎？

我能想到的方法是，針對在北上市餐廳認識的男性客人逐一進行詢問。雖然有點土法煉鋼，但就像以前在做事件的採訪一樣，按部就班地累積說不定會帶來不錯的效果。

如此一來，可以將採訪對象的範圍逐漸拓展到南邊，地理位置的延展性也一併考慮到了。

或許這樣做有些欠缺思考，但自己實在很久沒有這種興奮感了。發掘到自己專屬的採訪對象，又是全新無人碰觸過的範疇時，當下感覺到自己長年的記者魂在燃燒。

當天晚上我將小瞳的談話整理成紀錄稿，發現有一些漏掉的地方，於是隔天中午過後我撥了電話給她。

撥出的瞬間我突然覺得有點擔心，她會不會不接呢？幸好我的杞人憂天很快便結束了，電話另一頭，小瞳先出聲打了招呼。我也馬上回應：

「昨天非常謝謝您。其實昨天有些問題沒有問到，所以想再多聊一下，請問現在是否方便呢？」

我這樣講完後，她只說了一句「那個……」之後便停頓下來。

「是，怎麼了呢？」

「那個……其實昨天之後我就一直在想，還是請您不要報導我的事情好了……」

「咦？」

「因為這裡並不是什麼大城市，要是傳出流言蜚語的話，我會很困擾的……您都特地採訪完了才這樣說，真的非常抱歉，但是這些事情您能不能就當作沒聽過？」

「那個，店名之類的絕對會匿名處理，如果公司那邊可以的話，年齡也不必據實以報，這樣子還是不行嗎？」

「不了，我想還是別做一些太引人注目的事好了，因為這裡真的是個小地方……很抱歉。」

「這樣子啊……」

對話進行到這邊也實在沒有繼續強迫人家的理由，只能回答：「那我了解了，抱歉打擾您了。」便掛掉電話。

就這樣採訪進度又再次歸零，回到原點。

我也不是特別想抱怨還是什麼的，但現在就連能吐點苦水的對象，也一個都沒有。

第二章

三月十一日下午兩點四十六分，接客中的風俗女子

三月十一日午後二時四十六分。
そのとき接客中の女の子がいた

眼前一片破壞殆盡的殘跡中出現整排生命力旺盛的淡粉色櫻花樹，乍看之下虛幻的場景，卻怒放著令人屏息的美。

二〇一一年四月二十日。我開著車從陸前高田市一路北上，經過大船渡市、釜石市，來到大槌町附近時，未被海嘯沖走的櫻花樹滿開的景象，霎然出現在我的視線範圍裡。

我找了地方將車停下，走向櫻花樹，伸手撫摸表面斑駁的枝幹。

這一帶都是住宅區，朝後方看過去，一棟棟無人的房屋林立著，一樓門窗都遭海嘯沖毀。幾間屋內牆壁上畫著圓圈內打叉的圖案，是代表搜救隊曾在這裡發現遺體的記號。

初春的陽光灑在蔚藍晴空下，櫻花一片片飄落，這在平時無疑是絕佳的賞櫻時節，但現在附近一個人影也沒有。海風不時撫過滿開的樹林間，看著花瓣搖曳散落一地，這光景是多麼悲淒和無常啊。

有個想法在我心中蠢蠢欲動。

「其實我有個跟震災相關的企畫。」隔天我打電話給一位平時還滿常往來的週刊雜誌編輯。

「這樣啊。最近跟震災有關的除了核電廠，其他找不太到什麼主題，是什麼樣的企畫呢？」

對於追求新鮮感的週刊編輯部來說，儘管這史無前例的天災發生後僅過了一個半月，但除了令人擔憂的福島第一核電廠問題外，對災區的關心程度肯定是持續減少的。特地空出版面就是要放一些會引起讀者興趣的題材。以出版社的立場，或許要等到震災屆滿半年或一年的時機，才會再推出相關的系列報導。

假扮成尋芳客到處找災區出身的風俗業女性，抓到機會就詢問對方願不願意接受訪問，這種打游擊的方式雖然在Q市遭到小瞳拒絕，但我還沒有全盤放棄。這次我想先找好媒體，藉著打廣告的誘因直接跟店家交涉，為了做好正面迎戰的準備，必須先把週刊雜誌的版面預定下來才行。

「是災區的風俗業這方面的企畫。」我下定決心繼續說。

「喔喔，風俗業嗎？感覺應該會不錯呢。」

編輯的口氣聽起來是滿有興趣的。他深知這是我擅長的領域，所以不必擔心寫出來的東西不能用，這點是我占了優勢。

「目前我確定已經有女孩子重新開始接客了。我想若是能把店名跟電話放進報導裡，等於提供店家一些置入性行銷的話，應該是可以順利採訪到。」

「應該也可以拍些照片給我們吧？」

「眼睛部分上馬賽克的話，我想是沒問題，只是大概需要一個星期的時間做前置準備。」

當然這個準備時間只是粗估。實際上執行起來，還是會遇到許多像小瞳一樣，以「這是個小地方」為理由拒絕的情形吧。不過我二十多年來持續在晚報或是體育報撰寫連載專欄，平均一個星期就會採訪一位風俗業的女孩子，算起來跟我聊過的女孩子也超過一千位了。加上過去跑國際新聞或是採訪凶殺案的經驗談，由店家去探詢女孩子的受訪意願，成功率反而會意外地高。由於店家比較了解旗下女孩子的個性，請來的受訪者應該也不太會抗拒採訪。我這算是賭一把了，對於最後的結果，我樂觀其成。

「這樣子啊，我知道了，下次的企畫會議上幫你提提看。」電話另一端如此回答。

接下來的希望全放在雜誌總編輯對此的判斷上了。目前還沒事做的我，等到太陽西下，便踏上夜晚的街道喝酒去。

兩天後，編輯通知我企畫案過了。

心情瞬間變成彩色，感覺眼前的景象都不同了。但要在截稿日前找到對象做完全部採訪，還是不免感到不小的壓力。

有了願意刊登的媒體做後盾，我可以開始名正言順地上網搜尋還有在營業的風俗店，篩選整理成清單後依序去電詢問。一查我才發現，岩手縣沿海的城市裡幾乎沒有在四月底重新開業的店家，像小瞳一樣在Q市工作的當地人更是稀少。接受付車馬費外送小姐到沿海地帶服務的店家也不多。

這種情況下我只好擴大範圍，把位於盛岡市、北上市或是一關市等岩手縣內陸城市的工作室也納入名單。這些都是無法外送到沿海地區的。但運氣好的話，說不定可以找到之前老闆提到的，那位到內陸地帶工作的女學生。

「您好，感謝您的來電，這裡是○○。」

電話接通後，聽到男性店員有禮地應答。我先告知對方週刊的名稱，詢問是否有沿海災區出身的小姐能接受採訪，順道也能當作店家的宣傳。

最常得到的反應是「沒有」，第二多的就是「雖然有，但是本店無法接受採訪」這種回覆。不然就是說要先問過店長，之後卻音訊全無。我以北上市內的飯店當作據點，但礙於手上還有其他工作，只能利用空檔在房間裡撥電話。第一天就這樣毫無所獲地結束了。

打了十幾家結果全軍覆沒的狀況並不罕見，要約到訪談對象可能比我想像中還要困難。畢竟在這個時間點要找受災戶出身的小姐，無疑是種去挖別人傷口的行為，這傷口還是對方不想讓人碰觸到的。

被通知企畫案通過時感受到的無形壓力，現在又變得更大了。

第二天，我想必須稍微調整一下方向，於是試著改問宮城縣沿海附近的店家。以週刊的單篇報導應有的形式來說，至少要採訪四個人左右。一開始我是從範圍較廣的沿海地區下手，但苦於找不到任何能受訪的對象，最後還是將希望放在東北地區最繁榮的仙台市。總而言之，只能試試看了。

和前一天一樣上網搜尋，得知宮城縣沿海最北端的氣仙沼市目前完全沒有店家重新營業。不過再往南邊找的話，在石卷市是有幾家已經開始重新提供外送小姐的服務了。

石卷市是這次受災最為慘重的地方自治區，因地震死亡或是失蹤的人數，合計就超過三千九百名。但卻有風俗店不受其影響已經重新開張，這件事讓我小小地驚訝了一下。況且不到一個月前，我在同一地區的大川國小所目擊的慘狀，至今還在腦內揮之不去。

我鼓起勇氣拿起手機，開始輸入名單上面的電話號碼。

「請稍等一下，我這邊恐怕無法給您答覆，能請您直接跟我們負責人說嗎？」

打了第一家被拒絕後，第二家的男性員工給了我老闆的聯絡方式。我改撥給這位名為鈴木的負責人，電話接通後傳來一聲中氣十足的「哈〜囉！」說明事情原委後，對方完全沒有考慮便回答：「沒問題！什麼時候要採訪？我要準備幾個人？」

目前為止都是不斷被打槍的我，聽到他這麼爽快答應反而慌了。「只要下星期能採訪的話，幾個人都沒關係。」我脫口而出這句話。

「知道了，那我明天再聯絡您。」

掛上電話的當下，我頓時呈現呆滯狀態，這未免也太輕易就到手了吧。雖然對於結果我還沒有信心，但沒想到透過業者能夠這麼快就找到受訪的小姐，就算是我太單純，還是覺得壓力減輕不少。

從這位鈴木先生的口氣聽起來，應該是可以採訪到一個以上的對象。為了不讓範圍重複，我再試著回到之前沒打完的岩手縣名單。

可能是好運到了，這次也傳出好消息。

「嗯，可以啊，我們這裡有這樣的小姐，再幫你問問看她要不要接受採訪。」

第一家是在北上市和其他地區都有據點的連鎖外送店，負責的白井先生是個講話非常溫柔的好人，他馬上答應了我的請求。

事情進行到這裡，只剩下日程的安排了。早知如此，應該一開始就採用這種正面迎擊的戰術。我覺得事情開始往好的方向走，便把目前為止拒絕我的那些電話給忘得一乾二淨。說起來是有點現實，但似乎是可以搞定的。

*

採訪時間訂在五月七日跟五月九日，其中兩位在石卷市，一位在奧澤市前澤區。

五月七日當天約在石卷市區內的一處民宅，從外觀看起來是棟極為普通的兩層樓住家。由於外送服務一律是透過電話預約的方式進行，客人並不會到工作室去，這次我是以媒體名義到這裡採訪。

「來，請進，今天就麻煩你啦。」

體格壯碩的負責人鈴木先生在玄關迎接我，招呼我進去女孩子們所在的客廳裡。

「這位是 Chaco，然後呢，這位是小愛。」

進到屋內後，他向我介紹了坐在沙發上的兩位小姐。Chaco 目測年齡大概二十後半，是個帶點異國情調的大眼美女，最吸睛的就是洋裝下似乎包不住的豐滿上圍。另一位小愛看起來不過二十出頭，身材纖細皮膚白皙，長相甜美到就算混進偶像團體裡也不奇怪。

兩人同時笑著對我點頭致意。今天預計會先在這裡採訪，然後請兩人以外頭瓦礫尚未清空的街道為背景進行攝影。

這種同時面對兩人以上的採訪模式，受訪對象可能會因為在意現場還有其他人，而無法說出真正的心裡話。但是現在這個情形我也不好多說什麼，就以輪流詢問的方式進行了。

Chaco留著一頭棕色的長直髮，豐厚的嘴唇看起來十分性感。個人檔案裡註明是二十八歲的人妻。我先針對地震發生當時的情形向她提出詢問。

「我那時人在登米的娘家，跟家人一起待在屋內，搖晃得超級厲害的。」

登米市位於石巻市西北方的內陸地區。雖然她的檔案裡寫的是人妻，但其實已經離婚，是有個小學五年級兒子的媽媽。我跟她約定好，在雜誌上的報導會沿用已婚的身分，地區也不會出現登米市而是以宮城縣的北區來取代。

「我在這家店工作大概五、六年了，因為有在帶小孩，一般的公司不太會僱用我，在這裡除了時間上好配合，收入也還不錯……」

地震發生後再開始接客好像是四月初左右。

「我想去店裡但是車子沒油，而且一直有餘震發生，太可怕了，連續三個星期都躲在避難所裡。」

當地國小的體育館被當作避難所來使用，我問她覺得當時哪個部分最辛苦。

「不能洗澡是最痛苦的吧。全身上下包括頭髮都黏黏的……」

據說重新開始工作後，她接的客人也是一樣的狀況。

「在避難所沒辦法洗澡的人真的很多，當時市區內有幾間情人旅館重新營業後有熱水可以用，我會在那邊幫客人洗身體或是刷背，再一起泡澡。還有幫那種手骨折不方便的客人沖澡之類的。」

出勤時間雖然比災前還短，但是接的客人多了一倍，幾乎都是災區當地的居民。

「因為害怕會有餘震，除了上午九點到下午兩點這段時間，我是不出門接客的，這樣一天還是能接到四、五組客人。」

平常早班小姐上班的時間是上午九點到下午五點，震災發生前，這樣一天大概是兩到三組客人。順帶一提，風俗業界會將一個客人就稱為「一組」。

「重新開始接客那時，地震才剛發生沒幾天，有次照客人給的地址過去，結果看到被瓦礫堆給包圍住的公寓，一樓完全被海嘯沖毀了，客人就住在那上面的二樓。看到志工們都在搜尋礫石堆下的遺體，我覺得有點害怕，心想：『這種地方真的還能有住人嗎？』拜託車伕陪我一起上去，一上去發現還真的有住人。」

客人是位大約二十出頭的男生。

「那似乎是他跟女友同居的房間，地震發生後，女友回老家不在，他的車被海嘯沖走了，哪裡也去不了。代步工具只剩腳踏車，騎到飯店去又太遠，才想試著請小姐來家裡。他說了好幾次，說我能夠過去真是幫了他大忙。」

Chaco 接到的客人幾乎都是地震或是海嘯的受災戶。

「有房子被沖走的，工作沒了，之後要到關東地區去找生路的人。也有家人過世的。」

「咦？這種狀況下還叫小姐嗎？」我不禁脫口而出，但她只是繼續講，表情沒有任何改變。

「我想本人應該也很清楚現在不是叫小姐的時候吧。不過那個人告訴我：『我也不知道該怎麼辦，跟活生生的人有肌膚之親反而讓我感到安心。』」

「請問他大概幾歲人呢？」

「三十後半吧。小孩、太太跟父母都被海嘯沖走，雖然大兒子跟二兒子被救活了，但小兒子、太太還有父母都過世了。他說太太被發現時埋在土石裡，靠齒模比對才確定身分，舉行火葬後，一切都塵埃落定了。他買的鐘點時間結束後說希望我能在旁邊陪著他睡，我就照做了。」

聽完這些我沉默了。的確在現實過於殘酷時，肉體的接觸是可以讓人比較能去面對及忍受，這完全可以理解。我再度提出疑問：「你覺得震災發生之後，客人的態度有什麼不同嗎？」

Chaco 發出「嗯……」的聲音，將雙臂交叉在胸前看著我。

「感覺客人似乎都變體貼了呢，之前大都是一副色欲薰心的貪婪表情，現在與其說是沒精神，不如說是變溫柔了。我想也有很多人認為在這樣的苦難之中，唯一值得期盼的，就是和女孩子的娛樂時間。」

我望向牆上的時鐘，雖然還想繼續問下去，但似乎不得不先告一段落了。於是我向 Chaco 道謝，接著採訪小愛。

二十一歲的小愛顏值非常高，棕色長髮燙了漂亮的波浪捲。好像覺得這下終於輪到她了吧，眨著討人喜歡的眼睛直盯著我看。我先問她地震發生當下人在哪裡。

「哈哈，我正在石卷市區玩小鋼珠。」

她一邊笑一邊爽快地回答，接著繼續說：「然後我聽到有人說海嘯來了，便急急忙忙開車往日和山上的方向跑。那時大家都陷入恐慌，路上塞車塞成一團。」

日和山就在石卷市區旁，雖然海拔五百六十四公尺並非特別高，但位於可眺望整個市區的高處，海嘯發生時拯救了許多到此避難的民眾的生命。

「看到街道被海嘯吞沒的景象，覺得這根本是在拍電影吧，心想到底是怎樣啊……一點真實感都沒有。」

幸運的是，住在石卷市旁東松島市老家的家人都平安無事，地震發生後一個星期，小愛就回到工作崗位了。對於她這麼早就回去接客，我感到很驚訝，更驚訝的是，那時工作室就已經重新開始營業了嗎？

「地震一發生就開始聯絡員工了，但是電話全都打不通，到差不多第四天才開始陸續取得聯繫，最後所有人都聯絡上了。」

鈴木先生從旁邊插話進來。

「對我們來說也是要做生意啦，但主要是女孩子們都靠這份收入過活，這種災難時刻更是需要錢對吧？也是擔心這點，所以才覺得應該早點聯絡她們。」

儘管如此，石卷市內到三月二十八日才有情人旅館重新營業，雖然那時電已經來了，但自來水一直沒有恢復。再說有開的只有北上運河旁兩家連鎖集團的旅館。小愛這麼說。

「在避難所沒辦法洗澡的人都來排隊等旅館的空房間，車子排了好長一列，場面有點混亂。然後很多客人是洗澡順便買鐘點，所以店裡也忙到不行，一天都接到五、六組的客人。」

小愛是在震災發生兩年前進風俗業。那時她十九歲，一邊在餐廳打工一邊兼差接客，說這樣可以賺更多的錢。

「雖然自己這樣說不準啦，我覺得我性欲算是滿強的，所以對這個工作並不會特別抗拒。」

臉龐還稚氣未脫的她，發言卻異常大膽。這樣的小愛服務了許多經歷震災的客人。

「『車子沒了』、『房子被沖走了』，聽了好多這樣的話。每個人都是在追求療癒呢。聽到客人口中說出『想解脫』或是『想讓心情平靜下來』，我也好想助他們一臂之力。像是有人希望我幫他洗頭髮，我就會幫他洗喔。」

這時鈴木先生又補充道：「客人有諸如此類的需求，我也會提醒女孩子們，要專注在如何療癒對方，而不是只有幫忙清槍而已。」

聽他這麼說，小愛和 Chaco 默默點頭。我繼續提問：「有讓小愛你印象特別深刻的客人嗎？」

「有好幾位是失去親人的，實在是忘不了他們的樣子呢。一位五十幾歲的中年男子，好像因為太太罹難了，整個人失魂落魄的。面對這樣的客人，我會一直想有什麼是我幫得上忙的，當然能做的事情還是很有限啦……」

除了原本的性服務，傾聽對方說話、按摩肩膀、幫忙洗頭洗澡等，據說只要是客人提出要求，她們都會盡量達成。

「在你們這裡工作的女孩子，也有家屬罹難的嗎？」我轉向鈴木先生。

「有三個人，雙親都過世了。這三位目前還沒有上班，不過我也不知道要不要叫她們回來。還有另外三個人是房子被沖毀沒地方住。所有分店加起來共有五十四位小姐，但是震災後辭職的就有九位。有個女孩子老家在青森，說：『因為地震太可怕了』，就不敢再來上班……現在小姐人數不太夠，老實說我很苦惱啊。」

這時我突然想到一個有點在意的問題……

「在地震發生當下，也就是三月十一日的下午兩點四十六分，有那時候正在接客的女孩子嗎？」

「啊，有啊有啊，有的。有三個女孩子正好在接客喔。第一位女孩子遇到的客人說：『要快逃』，然後就開車送她回來。然後另一位正想跟客人一起避難時，發現旅館的車庫鐵捲門壞了打不開，後來是車伕、客人跟小姐三個人協力把門撬開才順利逃走。最後第三位好像因為客人抱怨：『還沒做完欸！』小姐只好先退錢給他，才成功脫困。」

三個人的情況都截然不同，鈴木先生臉上露出苦笑。

「重新營業有遇到什麼困難嗎？」

「工作室租的地方被海嘯沖掉了，不過認識的房仲業者有門路，很快就找到新的物件。這是還好，比較難處理的應該是汽油不夠吧。說要外送小姐，但是車子沒油，只好讓小姐待在車上，然後在營業中的旅館附近待命，接到通知再走路過去房間，暫時用這樣的方式進行。」

講到這邊，鈴木先生話鋒一轉：「那，差不多可以去拍照了吧，她們也還有工作呢。」我雖然還沒問完，但這時也不好唱反調，於是請兩位小姐坐上我租來的車，開始尋找攝影的場景。

我想找的是背景還殘留著瓦礫石頭的地方，照著 Chaco 的指示朝著海岸方向開了大約十分鐘後，到達門脇國小（註）附近。這所學校在被海嘯侵襲後，陷入熊熊大火。火勢在強風助威下更加猖狂，建築物的原形幾乎蕩然無存，報廢的車輛、木材和水泥碎片之類的物件大範圍地散落各處。往四周觀望了一圈都杳無人煙，說是荒野也不為過。

兩位盛裝打扮的女孩子分別面對著鏡頭，和這番光景毫不相稱。Chaco穿著長度到腳踝的民俗風洋裝，小愛則是黑色毛衣搭配黑色傘裙，加上黑色長靴的裝扮。她們各自用手掌遮住自己的眼睛，露出了嫣然的笑容。

她們的確，拯救了許多跌進絕望深淵裡的男人。

透過相機觀景窗，有一瞬間，她們的姿態彷彿是在瓦礫堆中綻放的花朵。

*

兩天後我來到奧州市前澤區，將車停在一間家用五金大賣場的停車場裡，在那裡等著白井先生的電話。

「喂——小野先生，您現在在停車場的哪邊呢？」

告知自己的位置不久後，有輛車停到我旁邊來。我走出車外，白井先生也下車了。跟電話裡給人的印象差不多，是位一臉溫厚的中年男性。互相打過招呼後，從後座下來一位女性。她穿著格紋的長罩衫和看起來軟綿綿的白色短褲，搭配過膝長度的大腿襪，說是人妻但看起來還很年輕。她是小彩，跟我對到眼時，她看似害羞地低下頭來。

「那麼採訪結束後請她打個電話，我再開車來接她。」白井先生說。

由於是在岩手縣的內陸地區，採訪跟攝影的部分都會在情人旅館裡進行。讓小彩上車後，照她指示往旅館的方向前進。在車上，她說自己是個家庭主婦，二十六歲，目前還沒有小孩。

「小彩是什麼時候開始從事這一行的呢？」我詢問道。

「其實，我雖然不常排班，但已經做了滿長一段時間了。一開始是在仙台做了三年左右，之後在石巻那裡做了兩年，改到前澤這裡不久就遇到地震了。」

註　相對於第一章中出現的大川國小所發生的悲劇，當時門脇國小師生依照之前做過的防災避難訓練，主震發生後師生275人迅速前往裏山避難，躲過了標高六公尺的海嘯，以及瓦斯外漏導致校舍全面起火的災難。門脇國小師生確實的避難行動，在這次震災中被視為模範。東日本大震災後學區人口減少，二〇一五年三月廿二日舉行了最後一次畢業典禮後，門脇國小被併入石巻國小。

她的肌膚吹彈可破，上了濃密睫毛膏的眼妝，眉毛精雕細琢，在兩端形成一個完美的弧度。

「兼差的部分應該是瞞著丈夫沒錯吧？」

「是的，我本來是從事電話行銷的工作，我跟他說現在還是做這個。其實我會從石卷換到前澤來，就是怕遇到認識的人。要不是有地震，我本來就不打算繼續做，在當地找個一般的工作就好。因為通勤真的滿不方便的，我想差不多是要辭職的時候了……」

原來小彩竟然住在石卷市區內，為了避免被熟人發現自己從事風俗業，儘管單趟就要一個半小時的車程，她還是選擇了長途跋涉的通勤生活。

很快地，我們抵達了旅館，進入室內後採訪繼續進行。我先問她地震當時人在哪裡？正在做什麼？

「我家是在石卷市內的住宅區，地震發生時我還在家，正準備要出門工作。一開始只有輕微的晃動，但之後搖晃時間愈來愈長、愈來愈激烈，感覺不像一般的地震……我先生出門上班，家裡只有我一個人。我把寵物狗放到車上，然後開始把一些東西塞進包包裡帶走。櫥櫃裡震得亂七八糟，廚房的調味料之類的物品也全都震倒撒了一地。娘家離那不遠，我直接開車過去接我母親，然後去附近的國小避難，所有人都處於驚慌失措的狀態。我記得路上還下起了雪。」

還好一個小時後和丈夫聯絡上，確認雙方都平安無事。

「先生說他公司那邊很慘，當天沒辦法回來，所以我在晚上六點前就自己回家了。其實我啊，到三天後才知道石卷市有海嘯……」

乍聽之下我不太了解她的意思，到底發生什麼事了？

「一開始搖晃的時候就停電了，電視不能看，雖然在手機收到的數位頻道有稍微看到海嘯的畫面，但沒想到那會是石卷。因為沒辦法充電，為了節省手機的電力我把數位頻道也關了，所以才會完全不知道。」

海嘯沒有直接湧進家裡也是一個原因。話雖如此，當天晚上跟飼養的寵物狗獨自在家的小彩，卻遭遇了另一種恐怖。

「晚上八點左右，手機完全沒電了，然後半夜兩點多，我突然聽到外面傳來奇怪的聲音，起來一看才發現玄關淹水，水開始從門縫滲進來，流得家裡到處都是。」

看來這也是受到海嘯的影響，海平面上升，導致她的住家浸在水中，成了孤島狀態。

「一樓地板已經淹了大約二十公分高的水。這種情況下也沒有暖氣什麼的，在寒冷中我拿著毛巾拚了命想堵住進水的地方，但水還是不停地流進來。真的太可怕了……」

可能是想到那時恐怖的記憶，她一邊說，一邊把雙手放在胸前緊握著。

「車子引擎也泡水了發不動。鄰居在附近比較高的地方剛蓋了新房子，於是我抱著我家的狗跑去敲門，之後三天都在他們家暫時避難。」

「是你認識的朋友家嗎？」

「只是互相打過招呼的點頭之交，是一對夫妻。」

在那時的緊急狀況下是可以理解的。小彩跟丈夫再見到面，已經是地震發生後第四天了。

「那時我家附近的水終於開始退了，他的車也報銷了，所以是騎著公司的腳踏車回來。」

接下來也沒有餘力想其他的事情，只能著手開始整理淹過水的家，還有同樣泡水的娘家房子。

「兩個星期後我才看到被海嘯沖毀的地方。其實我根本沒那個心情，是我先生說一定要去看，才跟著過去的。一看，我就哭個不停……」

以往熟悉的景色完全被破壞到認不出來，這是她是第一次親眼目睹如此殘酷的現實。

「我的人生觀整個一百八十度大轉變。朋友帶著小孩逃命時被海嘯淹沒，就這樣離開人世了……還有平常那些電力、瓦斯跟自來水，我們都用得理所當然，但在那之後停電三個星期、瓦斯中斷一個星期、過了一個月才開始有自來水……」

在這樣的狀況下，她收到了白井先生報平安的簡訊。

「內容寫著，工作室安然無恙，我若是能去的話，隨時都可以聯絡他。那時車還不能開所以沒辦法過去，但是在附近完全沒有職缺的情況下，反而讓我燃起一絲希望，覺得只要我能過去的話就有工作了。」

小彩重新開始接客是在五月七日，距離接受採訪只在短短的兩天之前。

「雖然車是先租來的，但能夠重返久違的世界開始工作，讓我感到很幸福。然後能夠跟別人說話也讓我很開心。我回來接的第一位客人剛好是氣仙沼的受災戶，這也許是件好事吧。我跟客人聊著當時如何目睹災難的來臨，然後正因為我們都活了下來，現在才能待在這裡。可能因為跟其他人擁有相同的遭遇，以前心裡想講但說不出口的事情，現在反而都能侃侃而談，心情也感到輕鬆多了。」

小彩仔細地描述道，客人是位年約四十歲的男性，由於還處於無法回到工作崗位的狀態，於是向公司請了假，並參加一些志工活動。

「地震發生前，原本不想再做風俗業了，但現在為了讓生活回到正軌，我會繼續做下去。對我來說，這份工作反而是難得的恩賜呢。我本來就是自己賺錢自己花的個性，這工作就是做多少賺多少。另外我也希望自己的付出能得到回饋，為此經濟上的餘裕是很重要的。畢竟有了錢，就比較能隨心所欲了不是嗎……」

除了訴說她的期望，她也提到了目前所感到的不安。

「在那天之後，我的思考變得非常負面，凡事都先往最壞的結果想。不是一直有餘震發生嗎？石卷的地層還在下陷，要是又有海嘯的話，現在守護的一切又會全部消失。所以來工作時我還是提心吊膽，如果海嘯來襲，從這裡趕回家已經是一個半小時後了，家裡會變成什麼樣子？一想到這，我的心情就非常差。現在家裡所有的貴重物品都放在架高的地方，因為淹水真的太可怕了。剛才我說這份工作很難得，但矛盾的是，其實我不太想要長時間讓家裡空著沒人在呢。」

藉由風俗的工作，小彩讓自己的精神獲得了寄託，但在那同時，卻也因為這份工作使她無法在附近守護自己的家。這樣左右搖擺的天秤最後到底會傾斜向哪一邊呢？

我看著身陷迷惘的她，猶如春天散去的霧氣般飄渺，那個姿態還在游移不定地尋找屬於自己的一席之地。

第三章

不可告人的職業

誰にも言えない仕事

結束宮城縣和岩手縣三位外送小姐的訪談，週刊雜誌的報導總算是完成了。

這時我卻開始想要搜集更多故事。

在面臨史無前例的巨大災變之後，她們和擁有相同遭遇的尋芳客之間，會有什麼能夠相互給予和接受的部分？我希望能在可行的範圍內，藉著一己之力探詢其中的糾葛。

但是很快地，我又再度碰壁了。

這就是沿海Q市那位小瞳所謂的：「這是個小地方」。

就算是東北最大的仙台市，人口也不過百萬。若是三陸地區（註）的沿海城市，人口數就更少了。例如宮城縣石卷市大概是十五萬人，岩手縣釜石市等地則不到四萬人（以上數據皆為二〇一五年十二月統計）。

同樣是將受災戶從事風俗業的故事披露在媒體上，範圍在小城鎮內的困難度和在大城市相比真是天差地遠。

先前的採訪結束後過了兩個星期，我再度接下八卦週刊同樣主題的報導。在尋找採訪對象時，我就深刻地體驗到這一點。

由於雜誌主打軟性內容，多了一項刊登的條件，就是在雜誌的黑白頁放上受訪女子的寫真照。可以不露臉但必須是穿著內衣或是裸體。我為了盡量不讓對象和先前重複，這次先從還未訪問過的店家著手，逐一去電聯絡。

但是，願意配合採訪的店家少之又少。我一開始以為小姐可能會抗拒只穿內衣或是裸體拍照，之後才發現這並不是回絕的主因。大多數女孩子都表示，如果放在網路上的風俗專區是沒有問題的，但對於要在不上網的人也唾手可得的雜誌媒體上曝光，則是明顯地表達不願意。

沿海地區某家外送店的店長就在電話中直接這樣說了：「嗯，我們也希望能幫店裡宣傳啦，不過女孩子們說什麼就是不肯，跟脫不脫、露不露臉都沒關係，反正就是不要。可能還是怕被家鄉的熟人認出來吧。」

這家店當然有成立網站，官方檔案中每位小姐都以不露臉的照片登場。另外，大部分小姐的資訊在其他風俗情報網站也搜尋得到。即便如此，對於在雜誌上曝光還是感到抗拒。

就在不斷吃閉門羹的同時，週刊的截稿期限也逐漸逼近。窮途末路的我只好

註　三陸地區位於日本東北，指的是橫跨宮城縣、岩手縣和青森縣三地的海岸區以及其內陸地區。

轉而向鈴木先生和白井先生求助。

「喔，好啊，那我明天聯絡您。」鈴木先生聽完後一派輕鬆地回答。

「有位小姐聽到小彩上了雜誌，說她也要，我再幫你問問她吧。」白井先生這邊也一口答應了。

為何就只有這兩家店特別容易採訪呢？當下我無法深究箇中原因。畢竟這個採訪主題還處於匍匐前進的階段，目前最要緊的還是順水推舟，將計畫完成。

這時距離三月十一日已有兩個月以上。僅顧著記錄地景變化的時期已經過去，接下來將會關注在人心的變化上。

而在我開始對震災出現新思維的同時，罪惡感也油然而生。我懷疑自己在這種非常時期報導風俗業是否太不合時宜。夜幕低垂獨飲之時，連日來在災區目擊的種種景象不斷浮現腦海。那裡有妻子罹難的丈夫、失去女兒的母親；有搬運遺體的消防人員，對著正在拍照的我破口大罵；還有在被沖毀的家園前靜靜雙手合十，那位女性的背影。

現在自己想做的事情，是否過於傲慢了呢？在這些記憶甦醒時，我不禁捫心自問，但是答案一直沒有出現。

＊

這次的採訪對象由鈴木先生提供兩位，白井先生那邊則是一位。跟先前有重覆的部分是鈴木先生這家店，由 Chaco 跟小愛分成兩天個別進行攝影的作業。

五月二十日，我租車載著 Chaco，在她指引下開往震災後石卷市區內最快恢復營業的情人旅館。

途中一抬頭便可看到一望無際的蔚藍晴空，只有道路兩旁堆滿的瓦礫一片單調，沒有任何色彩。

「最近還是一樣忙嗎？」我先開口問道。

「嗯，客人還是不少唷。因為海嘯的關係，很多人的職場還沒完全恢復，所以只能休假。最近這種客人很多呢。」

Chaco 坐在副駕駛座上，兩眼直視前方。今天她穿著深綠色的連身迷你裙，上面布滿了大大的橘色花朵圖案。低胸的領口敞開，露出深邃的事業線。店家網站上，她的個人檔案寫著身高一百五十公分、胸圍八十八公分，這個數字絕不誇張。看著她時，我腦中不自覺浮現出「巨乳小隻馬」這個有點老派的形容詞。不知有多少男性被殘酷現實逼得走投無路，卻在她的懷抱裡得到療癒呢？

「如果遇到的都是一些遭遇悲慘的客人，說真的，你會不會覺得有點累？」

我這樣問她時，手裡還握著方向盤看著前面的路，所以看不到她臉上有什麼表情。安靜了一會兒，只聽到她聲音有些低沉地回答：

「還是會啊。畢竟，這種事很沉重。」

「是啊……」

語畢，我們雙雙陷入沉默。

到達旅館進入大門後，眼前是一整排獨立的平房，每間房的玄關旁都附有停車位。我扛著攝影器材和 Chaco 一起下車進了房內，是個乾淨明亮的地方。

「那我們就準備拍照吧。可以從內衣的部分開始嗎？」

「好啊。」

Chaco 的聲音裡聽起來沒有半點猶豫。隨即拉下背後的拉鍊脫掉洋裝，只剩成套的藍色胸罩和內褲。在這同時我忙著準備攝影作業，把可攜式的小型反光板展開並設定好相機。接著請她坐到床上，擺上灰卡（註）開始調整白平衡。這些都已經是長年來習慣的「工作」了，過程中倒不會有什麼想入非非的感覺。

因為答應對方照片不會露臉，我請她用手遮住眼睛後，先試拍了一張。「這種感覺還可以嗎？」我將相機的螢幕遞給她。「嗯，沒問題。」她回答。照著這個感覺，拍了約五十張內衣和裸體的照片。

「接下來會到室外拍攝，只要在回工作室的路上找個有土石瓦礫的地方當背景就好。」

「好啊。」

Chaco 急急忙忙地穿上衣服。她的肌膚看起來白皙到幾近透明，乳房也十分豐滿有彈性。因為我持續採訪風俗業已經很多年了，一看就知道不是假的——也就是沒有動過豐胸手術。但就算是仰躺的姿勢，她的胸前依舊挺立不動如山，這點還是令人印象深刻。

戶外的拍照地點選在一家歇業的情人旅館前，傾頹的外牆旁堆疊著木材、草蓆和水泥塊之類的漂流物。附近一個人也沒有。Chaco 身上那件華麗的連身裙是景觀中唯一擁有色彩的物件。一陣風吹翻起滾滾沙塵，她的棕色長髮在空中飄

註　攝影用的專業工具，適用於彩色或黑白攝影，用來決定曝光值、照明比值和色彩白平衡等。

著。在這宛如廢棄落葉堆的路邊，風切聲完全掩蓋了我按下快門的喀擦聲。

隔天換小愛坐上我的車前往同一家旅館。跟之前一身黑的打扮稍微不同，她這次穿了材質柔軟的罩衫，有著黑色及粉紅色的直條紋。黑色迷你裙下露出穿著絲襪的纖細雙腿。

「哈哈，今天要拍裸體對不對，請把我拍得可愛一點唷！」小愛用古靈精怪的語氣提出要求。

「我會努力的。不過我想在太陽下山前把室外的部分拍完，先到外面拍吧。」

採訪開始時已超過下午五點。我想在天色尚未變暗還有自然光時，找一個還殘留著災害痕跡的地點完成拍攝。於是我開口問她：

「我想要一個有瓦礫堆可以當拍照背景的地方，你知道這附近哪裡找得到嗎？」

「稍微找一下的話，那種地方要多少有多少唷。請您從這裡一直往前開看看，應該四處都是。」

她說的沒錯，很快地我們開進一個無人的地區，道路旁開始出現小山一樣的土石。將近兩公尺高的瓦礫堆裡混疊著鐵筒或泥巴、塑膠、木片和鋼筋等。

我將車停好後，下了車的小愛像兔子一樣在這面土石牆前蹦蹦跳跳起來。

「好了，要拍照了，可以嗎？」

我的口吻根本就像老師在喊小朋友一樣。她聽到後回了一句「ＯＫ～」，便張開手掌遮住眼睛，擺了一個 Pose。將臉面對鏡頭後身體側向一邊，空著的那隻手環抱著自己的腰。因為這姿勢浮誇到不行，我本來想說要不要稍微引導一下，但是又覺得這樣說不定會出現更誇張的肢體表現，最後還是放任她自由發揮了。

每拍一張她就會換個表情跟姿勢，看來一定是在模仿電視上專業模特兒的舉手投足。如果是在東京採訪時遇到這樣的素人，我應該會覺得有點掃興，不可思議的是，小愛做起來卻沒有令人討厭的感覺。

多少有點特別招待的心情，我比平常按了更多次快門。

接著延續昨天相同的流程，進到旅館房間後，我開始準備攝影器材的設定。小愛跟 Chaco 一樣淡定地脫掉衣服，身材苗條的她穿著黑蕾絲滾邊的紅色胸罩和黑色豹紋圖案的內褲，一臉興奮地對著放在面前的相機跟鏡頭東瞧西瞧。

「可以麻煩你移動到床上嗎？」

小愛跳上床後，我在她前面架起相機，放上灰卡調整白平衡的數值。
「哇，這是什麼？」
「這個嗎？這是可以校正皮膚顏色的一種工具。」
「欸——是喔！好有趣。」
房內迴盪著小愛天真的娃娃音，氣氛也跟著活絡起來，不錯，我也放輕鬆點好了。和在拍攝 Chaco 時不同，為了營造出更活潑的氛圍，我開始指導她擺姿勢。
「好～要開始拍囉！首先請你跪坐在那邊，大腿稍微打開，臉要朝向這裡微笑喔，好嗎？要微笑唷！」
「好呀！微微地笑是吧？我知道了——」
結果我開始按快門後，小愛就像剛才在外頭拍照時一樣，邊變換嘴唇的形狀邊自顧自地擺起 Pose 了。
內衣的部分她跟 Chaco 一樣很自然地褪下，脫掉胸罩後露出了小巧的乳房。
「嗨，你覺得我可愛嗎？」拍到一半時小愛突然這樣問道。
「嗯，很可愛啊。」我也沒多想便回答。
「好開心！那再多說幾次好嗎？」

「你很可愛唷。」

「欸——有這麼可愛嗎？」

「嗯，可愛唷。」

「可愛……原來我很可愛呀，嘻嘻。」

在我回應她的同時，漸漸開始產生某種不協調的感覺，她怎麼那麼在意他人的評價呢？邊看著相機觀景窗裡的她，我開口問道：

「小愛對於你自己是怎麼想的呢？」

「咦？我？不知道呀，就普通。」

我有個癖好，就是在採訪時看著對方的眼睛去確認這個人的本意。被問到關於自己的問題時，小愛的眼裡沒有任何感情，看起來就像是內心完全被封閉著的狀態。

她過去到底經歷了什麼？

「問一下，小愛的家人是什麼樣的？」

「嗯……就普通。」

她的表情和語氣明顯地在迴避這個問題。

不行，要是在這邊硬闖的話。可能就不用拍了。我心中警報大響，過往的採訪經驗讓我忍住繼續追問下去的衝動。

「這樣啊，那我們接下來再試試這個 Pose 好嗎？」

為了先完成攝影，我將話題帶開。但思緒裡已全是滿滿的問號。

寫真的拍攝順利結束後，我載著小愛行駛在天色已經全暗的道路上。坐在副駕駛座的她邊用手指把玩著自己的棕色捲髮邊哼著歌，心情看來絲毫未受影響。

採訪結束後她便要回去接客了，於是我載她回到小姐們待命的地方。車子開到一棟木造公寓前，她們的工作室就在裡面。這時她說：「車伕很快就會過來，能不能先讓我在車上等呢？」

「嗯？我是沒關係啦，只是你不進屋裡這樣可以嗎？」

「沒關係。我不太喜歡待在那裡。」

我打開雙黃燈並拉上手煞車後看著她。

「是因為要跟其他女孩子講話覺得麻煩，之類的嗎？」

「嗯，這也有，反正就是討厭。」

在她回答的同時視線也完全沒有離開纏繞在指尖的頭髮，似乎並不想多談。

於是我只說了一句「這樣啊」，就此打住。

車內只剩下微弱的廣播聲。外頭一片黑暗，沒有半台車經過，安靜到周圍的空氣都凝結了。

「那個……」

小愛突然打破沉默。

「我可能再過一陣子就會辭掉店裡的工作了。」

「咦？」

她的臉依舊沒有轉向我，就這樣繼續說下去。

「怎麼說呢，不太想再繼續做這個了。應該說也快受夠了，這種不可告人的工作……」

「是最近才開始這樣想的嗎？」

「不，是再更早之前。」

「地震發生之前嗎？」

「沒錯。但是發生了那樣的事嘛，總之身上不能沒錢，所以我想暫時先忍著繼續做一陣子，不過，也差不多了……」

這時她的手機響了，聽講電話的內容應該是車伕到了。

「車伕好像已經到囉，那我先走啦，今天謝謝您了！」

她伸手拉開車門，對我擠出一個職業的微笑。下車之後她又打開車門，將頭探進車內，讓別人看起來好像是要拿忘記的東西。

「辭職的事還請您幫我保密，不可以告訴任何人唷！就這樣，失陪了。」

她關上車門後，朝著後方的車輛小跑步過去。那是我最後一次看到她的身影。

*

五月二十二日，我開車前往奧州市的前澤區。從石卷市出發，距離大約是八十幾公里，包括上高速公路的車程大約開了一個半小時。

到了前澤，我將車停在大賣場，也就是跟上次採訪小彩時同一個停車場，過不久白井先生就打電話來了。

「啊，小野先生，今天我有點事沒辦法過去，所以會請車伕載我們家的沙織過去。可以告訴我，你開什麼廠牌什麼顏色的車嗎？」

我回答完後，順道把停車格的位置跟車牌號碼都告訴他，過沒兩分鐘就有一輛小客車停到我旁邊。下車的是一位嬌小纖細的女子，目測年齡約二十後半。留著棕色的長直髮，長相不差，但還是看得出來化妝有其高明之處。整體印象有點像是居酒屋的年輕媽媽桑。她穿著白色蕾絲材質的迷你連身裙，黑色絲襪包覆的雙腿下踩著高跟鞋。

我並沒有事先了解她的相關資料，總之先對她微笑打了聲招呼：「今天還請多多指教。」

「我才是，請您多多指教。」她略顯慌張地胡亂點了個頭。說話聲音聽起來彷彿是稚嫩的少女，跟她冶豔的外表不太相符。從穿著打扮給人的第一印象來看，她的應對進退大概已經十分純熟，恐怕在訪談過程中會講出太世故的答案。但看她一臉緊繃的樣子，看來是我想錯了。首先必須先消除她的緊張感才行。

「那麼不好意思，我們現在就搭我的車去旅館進行採訪吧。」

「好的。」

請她上了汽車後座後，我便驅車前往上次採訪小彩的那家旅館。往後照鏡看時，只見她雙手放在膝蓋上緊緊握著，臉部表情僵硬到不行。

「沙織之前有接受採訪過嗎？」

「沒有，頂多就店裡網站要用的那種簡介而已。」

「這樣啊，別太緊張，會由我來提問，你只要負責回答就好。」

「好，可是我真的很緊張，心跳得好快。」

「第一次都是這樣的，連我做這行這麼久了，每次只要一想到：『這次是否能順利採訪呢？』心就噗通噗通跳個不停。」

「呵呵，真的嗎？」

「是啊，每次都心跳加速也應該要瘦下來了，結果根本沒變瘦嘛……」

「哈哈哈……」

她被我無聊的大叔冷笑話逗笑了，我也放心了不少。

我們很快便到達目的地。我把車停在空房外的停車位後，帶她進了房間。跟石卷市那家情人旅館比起來，如果那邊是晴天，這邊就是陰天了。刻意營造背德感的裝潢實在有點殺風景，所以我一進房間就先把所有燈光都打開。

「我們先採訪，請坐到那邊的沙發上。」

「好的。」

她走進房間前先在玄關脫掉高跟鞋，看起來變得更小隻了。身高應該只有一百五十公分左右，但是因為臉小腿又長，整體的比例還不錯。如果入鏡時旁邊沒有其他人的話，說身高有一百六十五公分也不會有人懷疑吧。

「地震發生時，沙織人在什麼地方呢？」我趁著在設置攝影器材時，單刀直入地提問。

「我嗎？我那時人在氣仙沼，正在吃午餐。我住的公寓離海邊滿近的。」她轉頭對我說。

「跟家人一起住嗎？」

「沒有，我自己住。但老家也是在氣仙沼，海嘯來之後，就燒掉了。」

「咦？那天晚上海嘯來襲後，確實氣仙沼海港附近有大火發生，是在那個時候嗎？」

這時她伸直了原本併攏的雙腿，身體往前傾，對我露出了一抹苦笑。

「不是不是，我家是被縱火的。」

「什麼？」我驚訝地喊了出來。

「海嘯雖然沖進家裡，但是房子還有留存下來沒有被破壞掉。所以那一個星期我都會回去拿些必需品之類的。但卻被人縱火，全部燒光了。當時附近好幾戶人家都遭遇這樣的事，於是開始有傳聞，說海嘯來的時候家裡遭到祝融的人放火把沒事的房子給燒了。」

聽來不管是縱火案或是對嫌犯的描述都僅止於謠言，並沒有得到證實。不過她的語氣完全對此深信不疑。

「竟然有這種事……」我喃喃自語，沙織也露出無可奈何的表情。

「真是覺得饒了我吧，明明大家日子都很難過，怎麼還有人做出這種事情……」

「真的是這樣沒錯。對了，沙織你剛不是說住的公寓離海很近嗎？沒去避難沒關係嗎？」

我拿著筆記本和錄音筆坐到她旁邊，順便換了個話題。

「有啊，我有逃走。地震發生的時候，剛好有個經常來往的藥妝店員來找我，我正打算去開門，突然一陣天搖地動，站都站不住，停止搖晃之後，住在隔壁的一位六十多歲的阿伯跑來跟我們說：『海嘯要來了，快跑！』於是我跟店員一起急急忙忙地逃到位於較高處的小學去。」

在那裡，她眼看著海嘯發出怒吼，將腳下的氣仙沼市區街道完全吞噬殆盡。

「看到船跟房子從我面前漂過去，我腦子裡除了『啊，氣仙沼完蛋了』，其他都一片空白。那之後，我在小學避難了四天，到三月十五日才跟我母親和兄弟見到面，接著一家人先到親戚家借住。我老家就是在那時被放火的。」

火災讓她大受打擊。等她接到白井先生報平安的電話時，已是三月下旬。

「老闆告訴我，如果想馬上開始工作的話，我可以去住前澤那間待命用的公寓，接客幾天再回去。我就抱著賺現金的心態，開始從氣仙沼搭公車到前澤的通勤生活，通常去了就會住個幾天接客，之後再回來。」

接著我問她是何時開始做風俗業的。

「去年（二〇一〇年）八月開始的。之前在氣仙沼的一家居酒屋打工。在那邊做了滿長一段時間的，但是後來跟老闆吵架，一個不爽就辭掉了。之後也不知道是自暴自棄還是什麼的，就覺得自己怎樣都無所謂了。偶然的機會下我便開始做這個。」

一開始是在離氣仙沼市較近的岩手縣一關市內同一家連鎖店，地震發生後才換到奧州市的前澤區，這家分店相較之下是比較早重新開業的。

「很快就習慣風俗業了嗎？」

「沒有欸，一開始緊張得要命。完全不知道該怎麼辦，只能盡量做，撐到時間結束就好。」

「之後有什麼契機讓你改變嗎？」

沙織別開眼露出害羞的神情。

「是開始有回頭客出現的時候。跟素未謀面的陌生人比起來，有接觸過的客人還是比較習慣。結果客人說：『你很敏感呢。』因為在服務客人的過程中，自己其實也覺得滿有快感的，但這樣又怕被當成變態或是很色的女人，我常這樣擺不平自己的心情……」

「這樣啊，不過既然都習慣了，在震災後回來工作時應該也沒有太大的抗拒感吧。」

「與其說抗拒，不如說老家被燒掉對我的打擊太大了，我是抱著必須多賺一點錢的心情在工作的……」

「那上個月（四月）會不會很忙？」

「滿忙的，剛好是一些生活基礎設施都逐漸恢復正常的時期，之前從來沒有忙成這樣過。從中午一直工作到晚上十二點左右，多的話一天大概會接到七、八組客人。」

以一般接客的情形來說，通常三、四組就差不多了。沒想到竟會多了快一倍。

「也有災民去消費的嗎？」

「很多喔，有公司跟住家都被海嘯沖走的，或是親人罹難過世的。也有人是在避難所不能洗澡才去旅館，順便叫小姐。這種通常以年輕客人居多喔。」

「遇到這樣的客人，沙織會怎麼應對呢？」

「沒什麼兩樣，不過還是會遇到不想傾吐的客人，我只能盡量注意別問太多。」

我想確認時間但環視了房間一圈都沒看到時鐘，沒辦法只能從口袋裡拿出手機。白井先生給我們的時間是四十分鐘，在這段時間內要完成訪談跟攝影，看來是無法再繼續提問下去了。

「好，接下來就來拍照吧！」

我這樣說完後從沙發上站起身。

＊

我打了方向燈後切進東北高速公路。因為車是在仙台租的，現在必須開回去還才行。

離開旅館時，沙織告訴我，她的年齡是二十九歲，順帶一提，接客時報的是二十五歲。在風花雪月的風俗業界中，這種現象並不罕見。叫小姐、發生肌膚之親、踏上歸途，在這過程中，尋芳客們一直都相信她就是二十五歲。就算有疑慮也不太會去深究吧。客人真的問起來，她也不太可能據實以報。

風俗業的工作與她們的現實生活之間只有一線之隔。正因如此，為了不讓現實暴露在周遭環境下，她們才會基於本能地武裝起自己。

開著車從東北高速公路一路南下，我發現自己的心情跟之前結束災區取材後，從沿海地區開山路回內陸時比起來截然不同。那時回程的路上，我為了不讓自己崩潰而採取了「棒子狀態」這種防禦方式，將感性部分完全屏蔽以便跟現實保持距離。但是現在卻不會了，我開始可以去回想採訪的內容，也能夠面對今天所遇到的所有現實狀況了。

會不會是因為這些風俗女子隱姓埋名接客的故事，對我來說其實是超現實的存在呢？

我想這不會是唯一的原因。為了探究真相，我必須要繼續進行採訪。為此需要再去開發願意刊登的媒介。目前一般週刊和八卦雜誌都已做過相關報導，如果沒有再提出新的切入點，或是找到尚未接觸過的媒體，恐怕無法再吸引到願意受訪的對象。

經過的路面因東日本大地震而扭曲、產生出坑洞，行駛於其上的車子「咚、咚」地上下震動。這些「瘡疤」最終會透過修繕工程恢復原狀，進而從人們的記憶裡消失吧。

在被遺忘之前，將這些「瘡疤」記錄下來，對一個記者來說無非是重要的使命。經歷了巨大災變之後，不論是風俗業女子或尋芳客的內心，都會產生「瘡疤」般的事物。對之投以關注並記錄下來，絕不會沒有意義。

很快地即將抵達仙台，我打算今晚就此住下，不回東京了。然後一定要大啖美食，再好好休息，養精蓄銳一番。
我的思緒已飄向大城市裡那片燈紅酒綠。

第四章

創傷後壓力症候群

PTSDに見舞われて

時序進入初夏時節。

我還是固定一個月會造訪數次岩手縣及宮城縣的沿海地區。路上瓦礫漸少，但未修復的建築物仍到處都是。每個地區的重建進度都不盡相同，但感覺最為緩慢的還是氣仙沼市，到了九月市中心都還沒進行抽水作業。地震發生已過半年，整輛公車輪胎泡在水裡的景象仍觸眼可及。斑剝的柏油路旁一部部疊成廢鐵的車輛，在夕陽餘暉下靜置著。看著這些，不免有種「時間彷彿凍結在地震那一天」的感覺。

這個時期，我傳給雜誌社的災區風俗業報導企畫還沒通過，只能先到處巡看災後重新開張的酒館或居酒屋。不管什麼內容都好，我希望能找到一些切入點，記錄災後的所有變化。

立町是石卷市內燈紅酒綠的地區，海嘯來襲時也首當其衝。我在四月某個晚上到訪此處，被宛如鬼城一般的景象嚇得動彈不得。二〇一〇年時，我為了採訪一起殺人事件曾來到石卷，那時經常光顧立町這邊的酒館。看到充滿回憶的街道已面目全非，籠罩在一片死寂的黑暗中，悲哀的心情實在難以排解。

我會來到這間海嘯肆虐過後，第一家重新開業的酒館，說起來也算偶然。

五月採訪完人妻 Chaco 的那天晚上，整個立町只有幾家店營業，燈火零落。漫步中我剛好瞥見出來送客的媽媽桑，因為有空位的店不多，我上前直接詢問：

「不好意思，我只有一個人可以嗎？」

「沒問題，請進——」她這樣回答，一邊迎接我進到店裡。

在店裡喝酒時，聽聞了災難發生時這家酒館所遭到的破壞，不過其中原因似乎不全然是地震和海嘯。

「地震發生兩個星期後，我第一次回來。打開店門一看，裡面全是泥沙，這樣就算了，卡拉ＯＫ的電視螢幕和一些值錢的東西全被小偷搬走了。不只我們這樣，附近的店家也是。真的是……明明大家狀況都很糟糕，怎麼還有人這麼過分呢？」

自己的住家也被海嘯侵襲全毀，吧台裡的媽媽桑露出無可奈何的表情。

「那時我只覺得一切都完了。不過啊，之後慢慢又浮現鬥志了呢……因為覺得很不甘心嘛，與其就這樣倒了，不如想辦法讓這家店復活，於是四處找認識的朋友來幫忙。我是想說，如果這家店能拋磚引玉的話，應該也能給附近其他店家帶來重新振作的動力吧……」

重新開幕是在四月二十五日，也就是震災過後的一個半月。四周還處於入夜後一片漆黑的狀態。

「現在附近慢慢開始有幾家店重新營業了，之前大家都關著，一點燈光也沒有，非常恐怖。不過沒想到客人不斷湧入，不管什麼時候都是客滿。因為就算客人想去下一家續攤，也沒有別家可以去嘛，哈哈哈……」

媽媽桑笑得開懷，一邊調製著我續杯的酒。

真是堅強啊。看著她凜然的側臉，我這樣想著。本來已經決定放棄的她，卻重新正視令人想要逃避的現實，並且毫不裹足地向前邁進，這對一般人來說幾乎是做不到的事情。她讓我留下深刻的印象，心想總有一天要公開這個故事。

於是便有了本次的採訪。

採訪範圍只鎖定宮城縣，沿著松島町、石巻市和氣仙沼市北上。時間則是九月上旬。

寫進報導裡的除了這位媽媽桑，其他也都是被海嘯摧殘過後，成功克服絕望深淵而重新開張的店家。石巻市有一家酒館，那場地震發生前才剛開張，沒想到三天後就因為海嘯全毀了，如此還是從出師不利的挫敗中重新挺身站起，在六月中旬復活。另一家在氣仙沼市的酒館，原本的建築物被整棟沖毀，只能換個地方從零開始。新店面還在住商混合大樓的二樓，儘管已經在兩層樓高的地方，店內牆壁上高約一百八十公分處還釘上了一塊箭頭形狀的標牌，上頭寫著「3.11.2011 WATER LEVEL」。指的是海嘯的水位曾經來到這麼高。

每個人都在戰鬥。

讓災後重生的酒館經營故事登上雜誌，多少也能帶來一些宣傳效益。畢竟除了採訪、拍照、將其撰寫成報導，我什麼忙也幫不上，這是我唯一能做的事。

整個夏天我都沒有進行風俗店的採訪，也無從得知女孩子們的近況。只有一次在極偶然的狀況下點進了店家的網頁，確認之前採訪對象的近況。石卷市的小愛名字已經被拿掉了，但其他女孩子都還在，讓我稍微放心。

話說現在才提到這個似乎有點晚。這些小姐裡不乏三、四十歲的熟女，我卻一直用「女孩子」這個詞，或許會有人覺得怪怪的。但這個業界裡無論年齡大小，都是稱呼小姐為「女孩子」。就跟之前提到的，一位男客人也稱為「一組」一樣，是風俗業才有的說法。我認為直接沿用是個不錯的方式，還請各位讀者理解。

在沒有聯絡的這段期間，女孩子周邊發生著各種變化。接下來，我即將發現到這個事實。

*

時間來到二〇一二年一月。某家綜合性月刊雜誌接受了災區風俗業女子的報導企畫，於是我再度回到宮城縣和岩手縣。這次除了攝影之外，關於災後發生在她們周遭的故事也必須加以著墨，是偏向調查性報導的作業。

這次的企畫能通過，起因是兩個月前，我打電話給石卷市鈴木先生店裡的Chaco 時，她告訴我的故事。之前我向她要過手機號碼，打給她閒聊時，她告訴我，有位人妻在震災中失去了雙親，而這個夏天她又重新開始接客了。

一問之下得知，這位花名雪子的小姐幾乎每天出勤。於是我向媒體提出企畫，主題是她及其他女孩子的故事。企畫在年底通過，隔年一月我打給 Chaco 告知她這件事。

「啊，您好。」

電話裡，她的聲音聽來有些沙啞，但我聽到電話有人接聽還是鬆了口氣，便繼續說下去。

「這次的採訪已經定下來了，我會跑一趟石卷市，Chaco你最近會出勤嗎？」

「嗯，最近比較少去呢。之前通電話時沒有告訴你，其實我從七月左右就開始有盜汗跟呼吸困難的症狀，不管怎麼死撐，整個九月一個星期只能上個一、兩天。所以我去醫院檢查，結果醫生說是自律神經失調。」

「什麼，這麼嚴重啊？」

「吃了醫院開的藥以後好多了，於是恢復一個星期出勤三天。剛好七月開始瞬間少了很多客人，這其實對我來說也是件好事。」

雖然吃藥能夠改善，但現在的她頂多工作到下午三點半就必須回家休息了。

我接著問道：「你有想過罹患自律神經失調的可能原因嗎？」

「大概店裡狀況有點混亂，讓我自己也很緊繃吧，這的確有影響，不過隨著時間過去也應該慢慢地輕鬆了，還有就是……」

「就是？」

「覺得好難過，每天耳邊聽客人說的都是在地震、海嘯時的遭遇嘛。漸漸感到有點難以承受……」

她沉默了一會兒，一種不知該不該說的躊躇感透過話筒傳了過來。我為了接話還是先開口了。

「覺得很沉重嗎？」

「嗯——老實說，我開始覺得很麻煩，變成自己的心理負擔……聽到的全都是很沉重的話題，與其說我不太想去背負那些，不如說我自己聽了也會變得一蹶不振。」

「的確是輕鬆不起來啊。」

我同意她說的，但我並非當事人，所以沒有立場去教她怎麼做才是正確的。為了不讓這次通話也沉重起來，我話鋒一轉。

「那最近客人有什麼不一樣嗎？」

「這個嘛，震災之前大多是選六十分鐘到七十分鐘左右，比較短的時數。現在幾乎都是選一百分鐘或是以上的。」

「這其中的原因是？」

「我是不曉得有沒有關係啦，不過最近很多客人是住在臨時組合屋的。聽說組合屋的隔音非常糟糕，小孩睡在隔壁間的話，根本無法跟太太做愛，於是很多人就變成無性生活，覺得欲求不滿才叫女孩子來服務的。」

「可是這樣的話，不是跟太太一起去情人旅館就好了嗎？」

「嗯……說到底還是有很多男人覺得邀太太去旅館是件很難為情的事，寧願來我們這裡消費。然後也有很多客人表示，反正都要玩了乾脆就選長一點的時數囉……」

在這之前我也去過災區的組合屋，的確如她所言，牆壁很薄所以常會傳來隔壁的聲音，當時也聽災民抱怨過好幾次。不過我完全沒想到這會跟風俗業的需求有關。想到這，不禁為自己想像力之貧乏而感到慚愧，同時也深刻體會到，有些事情不問是真的不會知道的。

話題再度回到她的身心狀態。

「對了，那 Chaco 你現在還有繼續吃自律神經失調的藥嗎？」

「有啊，也有持續去醫院回診。周遭還滿多女孩子跟我一樣症狀去看醫生的。」

「那些女孩子也是進入夏天之後開始覺得不舒服嗎？」

「是的。」

「這樣啊……」

我邊回應她，心裡開始思考，之後可能要開始關注陸續出現在她們身上的PTSD（註）症狀了。先不提這個，其實我打這通電話是有問題想問Chaco，於是便順水推舟直接提了。

「說到這個，之前採訪時，Chaco不是說有一位客人的太太罹難嗎？那位客人後來只有去一次嗎？」

「不，他總共來了四次。那個人啊，真是個拚命三郎唷。自己一個人帶孩子、煮飯料理家事等樣樣來。每次看到他這麼積極的樣子就覺得好佩服，聽到這樣的事情我心裡便會想著，人其實還是滿堅強的呢。」

原來正在奮鬥的不只是這些女孩子，男人們也有自己的戰場，令人感嘆。接下來Chaco又繼續說道。

「可是啊，像他這樣的男人只占了一小部分而已。在石卷，到處都是無法忘記痛苦的事，所以從大白天就開始喝酒的人。還有人成天什麼事都不想做，就泡在小鋼珠店裡花錢……」

說這段話時，她的語氣多少帶了點批判的意味。不過也沒有誰規定人一定要堅強地活著，這些遭受到打擊的人，只要給予相對的時間或是適當機遇，相信一定能夠再站起來的。

我向 Chaco 表示很感激她跟我聊這些，便掛斷電話。

上次詢問鈴木先生時，他表示由於店名不能出現在報導裡，要再配合我進行新的採訪會有困難。於是我先回電給他徵詢同意，看是不是能讓我繼續使用之前訪談的內容，另外 Chaco 口中那位失去雙親的雪子，也希望能以支付鐘點費的方式來採訪她。

另一方面，岩手的白井先生則表示，只要我出旅館的費用，他就同意讓先前採訪過的沙織和小彩接受第二次訪問。

如此一來，我終於將這次報導的對象定下。二〇一二年一月下旬，我啟程前往被白雪覆蓋的奧州市前澤區。

註 PTSD（Posttraumatic stress disorder，創傷後壓力症候群）是指人們在遭遇特定的創傷事件（戰爭、自然災害、對生命產生威脅的突發性身體侵害等）後，產生心理或身體的症狀。個體會在創傷事件發生後一段時間持續出現下列症狀：無法控制地在腦中重演創傷畫面、睡眠障礙、失憶、情感麻痺、神經緊繃易受驚嚇，或刻意迴避會引發創傷回憶的人事物等。

＊

「好久不見。」

走進房間的沙織對我露出微笑。她穿著粉紅和黑色相間的迷你連身裙，身材依舊纖細。跟八個月前第一次訪談時不同，像是跟熟人見面般毫無生疏緊張的感覺。講話聲音還是一樣，是跟成熟外表相反的娃娃音。

她坐到沙發上後，我將採訪筆記在她面前攤開，直接切入主題。

「在上一次採訪過後，生活有什麼變化嗎？」

「這個嘛……啊，說到這個，我從去年五月開始在一關市租房子住了。」

「我記得之前你是從氣仙沼搭公車過去，住在待命的公寓，只有週末才回家？」

「對，沒錯。因為我想說接下來要開始認真工作了，所以才搬到岩手去住。」

「在氣仙沼時，是跟家人一起住嗎？」

「上次採訪的時候，我跟母親和妹妹一起在娘家親戚那邊借住，現在她們都住在氣仙沼的組合屋。」

說到這裡，她兩手將蓋到臉上的棕色長髮抓成一束，撥到肩膀後面。

「這樣說起來，你現在住的一關市，餘震不是相對來說比較多嗎？」

「還是很多，我到現在還是很怕會再發生大地震，一直覺得很不安。」

聽到不安這個詞，我試著詢問沙織是否有出現PTSD的症狀。

「是沒有特別出現什麼症狀，不過做這行老是擔心會不會遇到熟人。我要進去旅館前都會看客人車牌是岩手還是宮城的，如果是岩手的就比較安心。」

就算再謹慎，之前還是有一次不小心遇到認識的人。是在氣仙沼打工時居酒屋的常客。

「那是在地震發生前的事，對方說：『在這種狀況下見面對我們來說都很困擾呢。』便告知店家要換女孩子。雖然我自己有心理準備，只要做這行就會有這樣的風險，但是真的遇到時還是滿不好受的。」

「雖然如此還是繼續從事風俗業，是出於經濟考量嗎？」

「對我來說，這工作真的只是為了賺錢而已。在先前自暴自棄的狀況下辭掉居酒屋的打工，之後雖然是因緣際會才開始，但是一旦踏進這個業界，就會想要藉此達到一定金額的存款。所以原本想早點脫離的，卻不知不覺做了三、四年呢。」

不管是基於任何理由中途離開風俗業，都是對不起已經失去貞操的自己，她這番話有著這樣的言外之意。

發現她這種壯烈的覺悟，我吃驚地倒抽一口氣。沙織似乎察覺到我的反應，改以分外明快的口氣繼續說道：

「再加上最近我也變得很貪心，想在氣仙沼蓋房子讓家人一起住喔。所以一定要拚了命掙錢……為了完成我這個遠大的夢想嘛。」

「這樣啊……」

聽她這樣講我也一改愁容，露出深受感動的表情繼續說道。

「蓋房子啊，真是厲害。是我的話可能做不到呢。連我這樣的大叔聽了都開始覺得應該要跟你學習了喔！」

「呵呵……」她似乎很難為情地笑了出來。

「這麼說起來，大的夢想是房子的話，那對沙織來說，小的夢想是什麼呢？」

「嗯，想先去考個證照之類的。我從學生時代的夢想就是當美甲師，但沒有實現。所以現在想要考取相關證照。再來就是旅遊吧，想出去走走看看。」

她的語調天真無邪，若是閉上眼睛只聽聲音，腦中浮現的應該會是個青春期少女正在訴說夢想的身影吧。

「要做美甲的話，還是會回到氣仙沼去吧？」

「是啊，現在我不是很少回去嗎？偶爾只要回氣仙沼時，就會覺得：『啊，還是老家最棒了，好想回來這裡啊……』」

凝視著遠方訴說著思鄉之情的她，側臉看起來光彩耀人。就現實面來說，她所期盼的那一天要到來，還需要相當的時間吧。我在心中默默為她祈禱，希望她的夢想能夠實現。

*

「不好意思，久疏問候了。」

一打開旅館房門，看到小彩站在門外。以微弱的聲音打完招呼便進到房內。她穿著過膝長襪，短褲褲管上有著飄逸的摺邊。一臉僵硬，但看得出來不是因為緊張，而是震災時驚魂未定的表情似乎還殘留在臉上。

上次採訪時，她說過在震災時大家都失業的情況下，自己能夠工作是一件幸福的事。但另一方面又害怕地震或海嘯再度來襲時，她無法即時保護自己的家。從她絕不明朗的神情看來，天秤的指針似乎是偏向了後者。

「地震的後遺症還在嗎？」我單刀直入地問她。

「回想到地震當時情景的頻率減少了，但只要發生比較大的餘震時，眼前就會不斷上演那天的情景。一直擔心是不是又要大地震了。還有啊，不是有人一直說東京可能也會有大地震嗎？這也讓我好擔心。要是東京也這樣的話，一定全國都會關注那裡，我們這邊不就完全沒人在意了嗎？」

小彩一打開話匣子就滔滔不絕，可能已經很久沒有人聽她說這些了。

「之前你說石卷的家裡淹水，現在還好嗎？」

「我家去年入秋的時候已經整修好了，所以現在不擔心像之前那樣淹水進來。不過矛盾的是，我反而開始害怕下次不只是淹水，而是那種很大的海嘯……地震之後地層下陷，漲潮時的水位也都跟以前不一樣了。所以我不管有沒有上班，都在擔心海嘯會不會來，每天都坐立難安。」

看來，她的精神壓力完全沒有出口可釋放，這樣子還撐得下去嗎？「嗯，這樣真的很困擾呢。」我將雙手交叉在胸前，和她一起苦惱起來。

「其實我從七月底到九月底這段時間也都沒有到店裡出勤……」可能發現我都沒說話，小彩自己打破了沉默。

「從五月底那時候開始的吧，只要到人潮比較多的地方我就會感到很痛苦、呼吸不到空氣。開車開到一半會突然頭暈目眩或是淚流不止。然後某天我先生說：『你好像怪怪的？』好像是看到我坐在電視前面什麼也沒做，整個人呈現放空狀態的樣子……」

我馬上想到這是典型的PTSD症狀。跟石卷市的Chaco一樣，她也被震災的餘波影響了。但聽她敘述時，我只是靜靜地點了點頭。

「有時還會出現換氣過度的情況，所以七月中我去看了身心科。說是震災後的壓力症候群。聽說現在出現同樣症狀的人很多。於是我拿了藥，到現在還在吃。」

接下來的問題，我為了盡可能不去挑動到她敏感的神經，以沒有抑揚頓挫的語調說道。

「你剛才說九月底又恢復出勤，當時是怎麼克服這些的呢？」

「當然沒說是做風俗業，我告訴醫生目前是從事招待的工作，想要轉換跑道。結果醫生說，與其換到一個不熟悉的環境，還不如先待在習慣的世界裡慢慢找回自己生活的節奏會比較好。所以事隔兩個月我又回去接客了。還好這工作只需要一對一，不必面對人群也讓我比較能夠冷靜一些。而且因為有跟工作地方的人接觸，漸漸地，對人群也不再那麼害怕了。」

儘管如此，有些東西是至今都還不想面對的吧？

「雖然已經好得差不多了，但我還是無法去看任何有關海嘯的畫面。怕又想起那天的事，所以沒有勇氣看新聞。從地震發生那一天到現在，我都完全不去轉電視的新聞頻道。」

小彩到現在還無法擺脫地震當時帶來的恐懼。她以自嘲的語氣這麼說：

「總覺得啊，什麼都沒做，一轉眼就過了一年。好像只有時間就這樣流逝了，自己一事無成……」

這時我沒多想便插話說：「發生那麼嚴重的天災，這也是沒辦法的事情啊。先別急，只要慢慢累積自己能做的事就好，好嗎？不要再責備自己了。」

不知不覺就以長輩的姿態說教起來了。我覺得她的狀態已經脆弱到只要稍微使力就會全盤崩壞的程度。

「好的，我知道了，我會試著努力看看的。」

「沒關係沒關係，就算不努力也沒關係，只要在能力所及範圍內慢慢來就好，好嗎？」我急忙向她說明。

「好。說到這，我不是去年又開始接客了嗎？和客人聊天第一句一定是問哪裡人，然後又會接到震災的話題了，這我還真的有點受不了呢。」

到底要到何時，她才能撥雲見日、一掃陰霾呢？跟一開始見到面時比起來，她的神情稍微柔和了一些。我看著她，將脹到嘴邊的這個疑問又吞了回去。

*

結束前澤的訪談後，我小心翼翼地開在積雪的道路上，準備前往石卷市。愈往南邊，尤其是面向太平洋海岸的地區，積雪的深度也愈來愈淺。到達石卷市時，就只剩下太陽沒照射到的地方還留下一些殘雪而已。

今晚我會住在石卷，準備雪子明天的採訪。晚上我前往市區一家常去的串燒店時，遇到了之前一起喝過好幾次酒的常客，是一位年紀六十出頭，名為中村的先生。

「哎喲，還在忙採訪呀？」

作風爽快的中村先生，是這裡的名人之一。外表看起來比實際年齡還年輕許多的他，不管什麼話題都聊得上幾句，十分健談。因為串燒店的酒也喝得差不多了，很快他就邀我到下一家店續攤。

喝了大概有兩個小時了，談天的內容才開始進入主題——關於我這次來東北的採訪行程。

「其實我是來採訪災區的風俗業女子的……」

我將目前蒐集到的故事都告訴他，包括小姐跟客人發生的種種。希望以長篇報導的方式將這些故事彙整出來。

聽完後，中村先生原本拿著酒杯要喝的手停了下來，看著我說：

「喂，現在這種時候除了這種無聊的報導，應該還有其他比較重要的事可以做吧。」

他的語氣裡帶著醉意，但很明顯是持反對的態度。

「沒辦法，我只能採訪風俗業嘛。正因為是這種時期，更要報導對社會或是災區有幫助的。這和我現在的報導主旨是一樣的。」

或許他說的沒錯，但我還是要說，不同的報導作家有不同的領域。更何況，如果連在這個領域耕耘多年的我都跑去做別的主題，最後可能不會有人為她們留下任何紀錄了。我這樣委婉地跟他解釋了一番。

「嗯，是這樣子啊。」

中村先生雖然沒有贊成，但也沒有再進一步表示對我的斥責之意，果然是位有智慧的長輩。在這之後，我們像平常一樣繼續喝著酒，也像平常一樣互相道別。

從店裡走回飯店的路上，伴隨著一片寂靜，他的話卻在我耳邊縈繞不止，好幾次好幾次不斷地迴盪著。

自己在做的這件事，也許對受災的人們來說，無異於在傷口上撒鹽……

在震災的傷痛仍記憶猶新的此刻，還在關注風俗業的我，是否真的過於傲慢無禮了呢？這樣的想法又開始在我腦中盤旋。不踏實的感覺猶如沉澱物般，重重地沉積在我的胃底。

隔天就要在石卷市內的情人旅館和雪子進行第一次採訪。這時的我還沒能預見到，和她的相遇，除了一掃我心中的不踏實，竟成為之後我能夠堅持採訪到最後的動力。

第五章

失去雙親的風俗女子

両親を亡くした風俗嬢

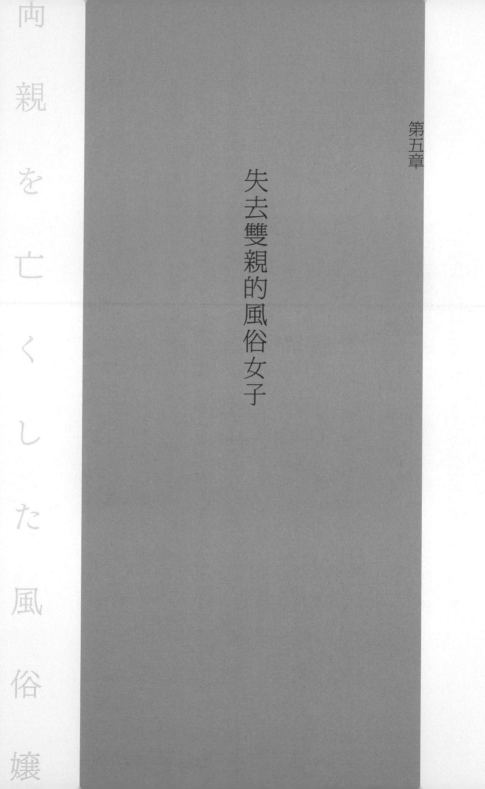

門鈴響了。

在石巻市的情人旅館辦好登記手續進入房間的我，正坐在沙發上。聽到門鈴響，我急忙衝去開門。

明明只是單純的採訪，卻感到些微的緊張。可能因為這次是付錢「買」女孩子的關係吧。若是一般的尋芳客，幾乎都會善用這段買來的時間，盡情讓小姐服務。打開房門之前，只能憑藉想像去臆測素未謀面的對象是長什麼樣子，見到出現在門後的本人，如願以償或感到失望……也有類似這種尋芳客的心情。

雖然之前已從 Chaco 那稍微得知一些關於她的事情。但關於她的外表，除了店家網頁上那張打了馬賽克的照片，其餘一無所知。這點我跟一般客人倒是差不多。

不知會是怎樣的女性呢？

儘管知道今天不是來玩的，打開門的當下我還是如此想著。

「您好，我是雪子，今天還請多多指教。」

雪子的個頭比我想像的還要嬌小。她以沉穩的聲音打了招呼，有禮地點頭致意。外表看起來比實際年齡四十四歲還要年輕許多，是典型的和風美人。白裡透紅的肌膚，細長雙眼下的鼻梁不特別突出但又直又挺，嘴角微微上揚。打扮則是黑色系的連身洋裝加上長靴。感覺若是將頭髮盤起、穿上和服，就會是個唱演歌的美女歌手。

我伸手撐著門讓她走進玄關，一邊開口招呼。

「初次見面，我姓小野，是個作家。你應該已經聽店裡說了，今天來是要麻煩你接受採訪。啊，當然鐘點費一定會先付的……」

「是的，我有聽說了，沒問題的。」

她語調溫和，低聲回答，同時脫下靴子換好室內拖鞋進了房間。透過黑色絲襪可以窺見迷人的雙腿。

我將相當於兩小時鐘點費的現金交給坐在沙發上的雪子，她並沒有將錢收進皮包，而是放在桌面上，並打電話向店裡報告已經確實收到費用。

採訪前從老闆鈴木先生那邊聽來的只有：雪子的雙親都在海嘯時罹難，甚至當她回來接客時，母親遺體的身分都還無法得到確認。究竟今天的訪談會如何展開呢？

稍微往她的方向瞄了一眼，結果兩人不經意地就對上眼了。她的眼神裡帶著某種堅定，似乎遇到什麼都不會動搖的感覺。發現這點的我下定決心開口：

「我聽說雪子的雙親都因為海嘯罹難了，在那之後你又重新回來接客嗎？」

「是的，我父親的遺體在隔天就被發現了，但母親一直找不到，直到八月底才透過DNA鑑定確認了身分。」

回答的語調很平靜。於是我繼續問：

「什麼時候開始恢復接客的呢？」

「從（二〇一一年）五月二十八日開始。在那一個月之前，我就開始考慮要回來了。為了不讓自己在客人面前丟臉，還進行了減肥計畫塑身呢。光是這樣就花掉我不少時間喔。」

完全沒想到「減肥」這兩個字會出現在這段對話中，讓我有點摸不著頭緒。

「回來接客當時，你母親的遺體都還沒被找到吧？」

「四月底左右在海上找到了遺體，但因為損傷太嚴重，沒辦法辨識出是不是我母親。當時這種狀況非常多，無法馬上鑑定DNA，所以才拖到八月。」

在說這段話時，雪子的臉部表情完全沒有任何變化。

關於雪子的事，之前 Chaco 是這麼說的：「（去年）夏天回來接客的一位人妻。」現在想來這應該是誤會，她母親遺體身分確認時是夏天沒錯，但其實在更早之前就已經恢復出勤了。

通常問到這裡，接下來應該就是「在父母雙亡的狀況下怎麼會想要重新回來接客？」這個問題了。但我一直躊躇著這樣問是否太過直接，話始終講不出口。

雪子似乎察覺到了我的難以啟齒，於是她主動開口：「當時會回來工作是因為……」調整了一下姿勢，身體稍微前傾，然後繼續說。

「因為當時要忙著準備父親的喪禮，整理滿是泥沙的房子，還得不停到每個遺體安置所去尋找母親的下落。這些事忙得我焦頭爛額，沒有餘力感到悲傷。直到之後稍微塵埃落定，我先生去公司、孩子們去學校，家裡只剩下我的時候，就整個陷入了憂鬱。我去找一位平常有在來往的女性店長傾訴，她勸我：『滿七法事也做完了，關在家裡傷心也無濟於事，還是要重回職場才能繼續前進啊。』我心想再這樣下去也不是辦法，便回去工作了。」

「經過這麼長一段時間，再恢復出勤的感覺如何呢？」我丟了一個直白的問題。

「老實說，我的憂鬱還是因為出來工作才好轉的呢。」

「被治癒……了嗎？」我不禁反問她。

「是的，重新出勤前，我在店裡網站的部落格上寫了自己的事。結果來消費的客人都會安慰我，或是對我說些溫柔的話幫我打氣。而且也是因為回來上班，才知道很多人都遭遇到超級悲慘的經驗，不是只有我而已。這讓我覺得自己不能被這麼點程度的小事打敗，得從頭開始好好努力才行。」

「你所謂超級悲慘的經驗是指……」

「嗯……就是，妻子、孩子和雙親一夕之間都離開了。這樣的人其實真的滿多的……」

談話至此，第一次感到雪子的表情蒙上一層陰影。我決定先停止追問，換個話題。

「話說回來，雪子會開始從事這一行的原因是？」

「之前兼職很多年的公司破產倒閉了。雖然之後縮小規模重新成立，但因為業務縮編的關係，不只薪水變得很少，也幾乎沒什麼休假。所以在找到新工作之前想說先做做看這個。」

那是二〇一〇年十月的事。

「我想請問一下雪子的家庭成員有？」

「上班族的丈夫跟三個小孩。」

「這樣你做風俗業不會感到抗拒嗎？」

「這個嘛，做了兩、三個月就習慣了。雖然還是很多女性對這行有偏見，但這個工作啊，不只提供性服務而已，更多人是為了追求那種療癒感才來的。有人來只是說話給你聽，結束時會對你說：『我被療癒了。』這時就會讓人覺得原來這份工作這麼有價值啊。再加上，其實我早就想要離婚了。」

「咦？」

她突然直白地冒出大膽言詞，使我頓時語塞，但她還是繼續說下去。

「實際上我們早就沒有性生活，我對丈夫也沒有愛了。只是對小孩覺得愧疚才繼續下去而已……」

「不好意思，可以詢問事情變成這樣的原因嗎？」

她想也沒想便回答：「好啊。」

「那是地震發生前好幾年的事了，那時丈夫派駐到外地工作，他開始不讓我看薪資單。平常家裡的水電費是直接從他的帳戶裡扣繳的，開始有餘額不足滯納的狀況，還有刷卡付的油錢帳單也沒有繳清……我去問他時，他只說：『嗯？怎麼會這樣呢？』就裝傻帶過。他從外派的地方調回來後，我逼問之下才知道他借了一堆錢。但是借的錢拿去做什麼，他死都不說。」

我無言地點了點頭。

「之後不管怎麼問，他都只會回我一句：『不告訴你。』這種狀況下對對方的信任感只會蕩然無存吧……我只好跟自己說：沒辦法，就是遇到了。現實問題就是養三個小孩需要錢，於是那時已經辭掉公司兼職的我，就跟丈夫說我要去現在這裡上班。」

「現在這裡？你是指接客的工作？」

「是的，他也沒說不行，可能覺得有人幫忙賺錢也好吧。就這樣，我就開始做這一行了。」

這時我心一橫，問了個不太好開口的問題。

「順道請問，雪子你自己怎麼會選擇做風俗業呢？」

「哈哈。」她有點難為情地笑了一下，然後稍微壓低聲音說。

「那個嘛，因為我算是個『玩咖』嘛……呵呵，這要怎麼說呢……」

「會把自己說成是『玩咖』一定是有某種程度的理由吧？」

「丈夫派駐外地後，想當然是沒有性生活。但從那時開始，就算他偶爾回家會跟我求歡，我也不想跟他做了。講難聽點，就是『生理上無法接受他』這樣的感覺……」

根據剛才的談話內容，應該也不難想像到是怎麼一回事。

「也就是說，雪子當時有其他上床的對象嗎？」

「呵呵，有啊。」

我心想：「果然。」

她繼續說道：「只是在那個人之前，我還有其他對象。丈夫到外地去之後，之前交往過的人有時會找我，雖然不到乾柴烈火的地步，不過有時會等晚上孩子都睡了以後見面……但是我也不太想讓小孩看到就是了。」

「所以說會跟那個人去外面嗎？」

「不是，就在家裡。」

雪子一臉難以啟齒的表情，但還是繼續說下去。

「讓小孩睡在樓下，就在二樓做。」

「那時最大的小孩幾歲了呢？」

「嗯……我想想，六歲。」

旁邊並沒有其他人，她卻刻意壓低了聲音。不過既然都已經問到這邊了，話題還是繼續吧。

「也就是說，和這位對象重逢後，馬上就發生肉體關係了嗎？」

「是的。」

「一開始就是在家裡？」

「重新聯絡上後，我告訴他丈夫調派外地的事，他那時單身，說好久不見了想見我。但是我不是還要帶小孩嗎？就跟他說：『家裡有小朋友所以不太方便出門，你來的話我可以做些好吃的請你。』於是他大概晚上十點或十一點過來，到早上再回去，大概是這樣。」

「早上是指小孩們還沒起床之前？」

「對。」

雪子臉色欠佳地點了點頭。我繼續提問。

「那，大概多久見面一次呢？」

「一開始每天都會來。」

對男性來說，不難想像這種幽會的刺激程度有多高。每晚算計著小孩入睡的時間，造訪丈夫在外地派駐的人妻家中，兩人在原本是夫妻同房的寢室內隨著欲望彼此交合。除了單純的性行為，還加上了背德的興奮感為調劑。不只是男人如此，對女人來說也是一樣的吧。

「那，其實雪子也對這種刺激感到很興奮吧？」

「興奮我想是……有……吧。畢竟只跟同樣的人做也會膩啊，對丈夫的感覺更是如此。因為已婚其實應該是要忍耐才對，但我就是做不到。只是當時雖然覺得刺激，過了一陣子再回想，卻發現自己做的事好恐怖。要是小孩子醒了跑到房間來看到，那真的是百口莫辯呢。小孩又不會說謊，說不定很快就傳出去了。」

「那位前男友大概幾歲？」

「跟我同年，是高中時交的男友。」

「在哪裡工作呢？」

「郵局。」

「最後這樣持續了多久？」

「到我丈夫調派回來前不久吧，大概一年左右。那個人雖然說是單身，其實有個交往中的年輕女友。我又是已婚的身分……。對方說要是我離開丈夫跟孩子的話，他也可以跟女友分開，跟我在一起。但再怎麼樣我都放不下孩子，於是便跟他分手了。」

儘管是在採訪中，一般人是不會跟初次見面的對象講這麼露骨的內容的。我想若是繼續下去，也許可以深入了解她到目前為止的男性經驗，於是暫時順著這個話題繼續提問。

「就算跟前男友分手了，丈夫也回到家，應該還是無法恢復正常的性生活吧。」

「就算有也是偶爾而已。真的是非常偶爾，十次裡有五次以上都以『累了』當藉口推掉。」

丈夫調派回來時，雪子的年齡是三十一歲。這時我提出疑問：

「跟前男友分開後才遇到那位男性嗎？影響你進入風俗業的？」

「沒有，那個人還沒出現呢。」

雪子臉上浮現害羞的笑容。

「當時因為丈夫不太會拿錢回家，有陣子我去食品工廠工作貼補家用。和那時的同事發展成那種關係。他跟我同年，有妻小住在同一個社區。兩個人都沒有要破壞對方家庭的意思，所以關係並不深入，但持續了十年左右。只是……」

她說到這裡停頓了下來。

「雖然持續了好幾年，但其實見面的次數沒有那麼頻繁。頂多是兩、三個月一次，找同時休假的平日白天到旅館去的關係而已。」

這位同年的男性，聽說外表看起來比她還年輕，穿著打扮的品味也不錯。而這段戀情會毀於一旦則是因為雪子的嫉妒心。

「公司來了新進的女員工，身為上司的他拚命追著她獻殷勤的樣子，實在看不下去，我心想：『你原來是這樣的人啊。』之後就再也不跟他見面了。」

就在這時，在即將邁入四十歲的雪子面前，另一位男性出現了。

「雖然是對方主動追求的，但交往之後覺得這小子真的不錯……啊，不過跟他結婚什麼的倒是完全不考慮啦。」

從雪子口中說出「小子」這詞，不難得知對方的年紀比較小。

「對方大概幾歲呢？」

「哈哈，很年輕。遇到他時好像才二十出頭而已吧。」

也就是年紀差了快二十歲。說到這，她又害臊了起來，我繼續提問：

「那你們是怎麼認識……」

「是被搭訕的。我在逛購物中心時，對方直接走過來說：『你是我喜歡的類型，要不要一起玩？』最近似乎很多年輕人會這樣。對跟自己母親年紀差不多的女人有興趣。」

她的口氣裡沒有帶著任何自滿的意味，只是淡淡地述說著。

「所以雪子就直接接受他了嗎？」

「嗯……一開始的確很猶豫。不過我算是外貌協會的。」

「也就是說，對方是帥哥嗎？」

「我覺得算是，是平常走在路上女生會想回頭看的類型。他在服飾店工作時，還會有據稱是粉絲的女孩子特別去店裡看他。」

原來世界上還有這種事，不過話說回來，我的世界也是滿狹隘的。只能一直回應：「這樣啊，原來如此。」

「開始交往之後，對方休假時我會去他住的公寓，一起聽他喜歡的音樂之類的……感覺還滿新鮮的啦，因為沒有跟這麼年輕的談過戀愛。」

「跟他交往的時間大概多長呢？」

「半年。他的老家在〇〇縣，之前就決定要返鄉了。雖然他問我要不要一起去，但是我不能拋下孩子們，而且也知道跟對方年齡差距太大。一開始我就想說，如果出現適合對方年齡的新對象，應該就會分手了吧。於是我告訴他：『我沒辦法跟你回去，你就在那邊好好念書，再找個很棒的新對象吧。』就這樣切斷了。」

「接下來還有跟誰交往過嗎？」

這句話我是不經意問的，但雪子卻把兩手交叉在胸前，停頓了下來。

「其實跟他分手時我非常難過，都快哭出來了。可能分開後還是放不下，覺得很寂寞，於是我就開始玩交友軟體……」

我繼續聽著，什麼也沒說。

「在交友軟體上認識一位在仙台的人，其實我現在可以接受ＡＦ（註），也

註　ＡＦ（Anal Fuck），風俗業用語，指肛交。風俗業受到法律規定，除了泡泡浴都禁止「本番」行為。但法律並未禁止ＡＦ，於是有些店家會將ＡＦ設定為加價服務，由能接受ＡＦ的風俗女子進行服務。

是他教我的。」

聽到雪子口中說出完全預想不到的話，我必須非常努力才能讓自己不露出吃驚的表情。故作鎮定地複述了一次「AF是嗎？」再繼續提問。

「是什麼樣的人呢？」

「二十五歲，也算是個年輕人，但（交往時）卻不會特別感到年齡差距。給人很成熟超齡的感覺，在一家很大的建設公司上班……好像原本想在老家當老師，但因緣際會從〇〇縣到仙台工作。」

這時我問了有點在意的問題。

「會嘗試AF的原因是？」

「他性好此道，而且很愛去風俗店消費，經常去泡泡浴（註1）那種店……他說希望我為了他可以做到開後庭，還帶了道具過來，花了快兩個月的時間漸漸讓我放鬆，之後就可以了。」

雪子流暢地說明著來龍去脈，沒有特別顯露出難為情。帶著一種「過來人」的口吻，繼續說道：

「我是在快四十歲時遇到他，真正開始體驗AF是在四十二歲的時候，期間他時不時就以『出車禍了，借我錢修車』之類的藉口跟我拿錢。這種狀況一再重複，我也開始覺得有些厭煩了……」

這裡我插嘴說：「他一直借錢讓您感到厭煩，但沒有馬上跟他分手的原因，是因為性事方面還不錯嗎？」

「嗯，那是之前從來沒有過的感覺……」

「有什麼不同呢？」

「一般來說，做愛時都會溫柔地體貼對方嘛，但他做愛時講話全都是命令口氣，還會讓我裝上ＳＭ（註2）用的口塞或是全身綑綁起來，很激烈的那種性愛。」

「覺得這種方式好……嗎？」

「一開始真的很興奮，但後來他愈來愈變本加厲，到最後我真的痛苦得不想做，還哭出來……」

註1　泡泡浴（ソープランド）是一種店鋪型風俗，風俗女子對來客進行包含性交在內的各種服務，也被稱為「風俗業之王」。

註2　ＳＭ（Sadism & Masochism）是一種性愛中增加情趣的遊戲手法，也指施虐與受虐兩種性行為裡的心理傾向。進行ＳＭ遊戲時通常會搭配許多道具一起進行，比如緊縛綑綁道具、皮鞭、手腳銬、口塞、項圈等。

「這大概是在跟他交往的一年半之間所產生的變化吧，順帶問一下，AF也很痛苦嗎？」

「剛開始非常痛，但很快就感覺不到任何痛楚了，而且開始有點舒服，一個不注意時已經達到高潮了，甚至還會失禁之類的……這是我之前從來沒有體驗過的快感。」

雪子露出一抹淡淡的微笑。無論內容多辛辣，她多半以平淡的語調敘述著。語畢，房內突然安靜下來，只剩下抽風扇發出的聲音。她開始談到之後的轉折。

「其實在那個時候，就像我剛才提到的，上班的公司開始經營不善。我告訴他這件事時，他建議我說：『你可以接受AF的話，可以去幹風俗業啊。』一開始我回答：『我才不可能去做那個呢，你在說什麼啊？』他又繼續勸進：『像這些可以從手機瀏覽網站的店家，都是正當的公司，有警方許可的。』『是喔……』我只能這樣回他。接下來兩、三個月，我都一直在掙扎到底要不要做。但公司很快就要倒閉了，似乎選哪條路都一樣，總之不工作的話馬上就會喝西北風。他幫我查了幾家，然後問我：『這家怎麼樣？』就選了我現在工作的那家店。」

我思考了一下她說的話，問道：「那時已經問你丈夫了嗎？關於去做風俗業？」

雪子搖搖頭。

「去面試時還瞞著。確定錄取，要正式出勤之前才告訴他。他聽了之後也沒有反對，只說：『現在日子難過，其實你去做那個賺錢的話還真是幫大忙了。』」

我屏住呼吸點了個頭說：「聽他這麼說，你應該很驚訝吧？」

「是已經失望透頂了，不過這樣反而讓我下定決心。」她爽快地回答。

就這樣，她在四十二歲時開始踏入風俗業。

「剛才不是說到我會AF嗎？這對風俗業的工作還真的滿有幫助的。去面試時只要說『可以接受AF』，店長就會說：『這樣的人不多，請務必來我們這裡上班。』」

訪談至此，開始覺得有點口乾舌燥。我問她：「要不要喝點什麼東西呢？」雪子馬上展現女性的體貼說：「那我來泡茶吧。」因為怕她麻煩，我婉拒了，從冰箱拿出礦泉水跟瓶裝烏龍茶分別放到我跟她面前。

「開始接客的工作時，覺得怎麼樣呢？」

「起先緊張到手抖個不停。我還在待命的地方請教其他女孩子接客的方法，比如說洗澡的時機啦，要怎麼服務客人之類的，腦筋轉個不停。我的第一位客人在國外從事木材買賣，是個好人呢，一開始就買了我一百二十分的鐘點。而且隔天他要搭船到瑞士去，我跟他說：『如果喜歡的話，明天出發之前再來一次吧。』結果他真的來了。到現在，這客人只要回國，都一定會來指名找我。」

雪子慢慢地熟悉接客的過程，並從中獲得快感的同時，也不再跟這位慫恿她進入風俗業的男友見面了。

「SM的性愛過程太痛苦了，就不想再跟他見面了。而且剛開始接客時，我就遇到了現在交往中的對象。」

果然美女就是不一樣，新對象可以一個接一個地出現。我看著她，突然湧起某種感慨。

「他比我小三歲，是個非常棒的人喔。原本他是來消費的客人，邀我說：『之後我再指名你服務就好，要不要一起去吃個飯呢？』於是我們就開始約會了。他體貼到不行，非常紳士。出去吃飯什麼的全都是他買單，我跟他說一直讓他請很不好意思，偶爾也讓我出錢，但他卻說：『這種事讓男人來就好。』而且他身上的味道也完全符合我的喜好……我原本就有氣味癖嘛。於是愈跟他見面就愈來愈喜歡他了。」

我想要確認一件事。

「比如說，不是會有回頭客嗎？在跟同一位客人發生肌膚之親的過程中，會不會經常有喜歡上對方的感覺？」

「不會，完全不會呢。畢竟接客時有先收錢，是抱著工作的心態在做的。而且，雖然現在的男友本來也是客人，但自己心裡已經有喜歡的人了，對其他客人不太會有那種感覺。」

她的回答毫不遲疑。

也就是說，會從客人變成現在的男友，其實只是例外的狀況。另一方面，家中的夫妻關係已完全「相敬如冰」。

「不只沒拿錢回家，後來才知道他派駐外地的期間擅自把我的保險解約，把那些錢全拿走了，我真的好不甘心。我提出要離婚之後，我們就完全不講話，回到家也把對方當空氣。沒想到就在那時發生大地震，我娘家的雙親跟日常生活一切都變得亂七八糟，那種狀況下也不適合提離婚，就這樣拖到了現在。」

發生震度六級大地震當時，雪子正在待命中，準備出勤接客。到目前為止，對於我所提出的問題，她都毫無保留地全盤說出。我想差不多可以開始請她分享二〇一一年三月十一日當天的種種了。但我完全沒想到，那卻是超乎想像，令人難以置信的一段故事。

第六章

尋求慰藉的男人們

癒やしを求める男たち

「那天，最小的女兒因為學校放春假在家，大女兒在附近工作的地方，她哥哥剛好也休假在家，真的是很剛好。我則是在石卷市某處公寓裡待命，地震一來就搖晃得非常厲害，整間房間的東西摔得到處都是，連站的地方都沒有。當時有六個女孩子在那裡，大家都發出尖叫，有點陷入了恐慌。搖晃停止的同時我接到小女兒來電，她問我：『媽媽你沒事吧？』我說我沒事，聽到她說跟哥哥一起在家，我才鬆一口氣。」

雪子回想起那天下午兩點四十六分，強烈地震來襲的當下。她原本就略為低沉的嗓音描述起來，更給人一種冷靜的印象。

「好不容易公寓的管理員來了，他說：『這裡很危險，快去避難吧！』大家便往停車場聚集過去。這時電話已經完全打不通了，因為我真的很擔心孩子們，就跟店裡工作人員說：『請讓我早退。』這種狀態下可能也沒辦法營業了，於是對方說：『好吧好吧，你趕快回去。』下午三點左右我就開車回家了。」

我提出有點在意的問題：

「那棟公寓有被海嘯波及嗎？」

「之後就來了。那裡離河邊算滿近的，海嘯是從河面漫出來沖進去的樣子。」

下午三點二十六分，在石巻市沿岸地帶的鮎川港所觀測到最高高度的海嘯，三點四十分到五十分之間就抵達了相對靠近內陸的門脇地區。那正是雪子開車離開後四、五十分鐘的事。我繼續提問：「有塞車嗎？」

「有喔，已經塞到不行了。平常只要二十到二十五分鐘左右的距離，結果開了兩個半小時。回我家雖然有好幾條路線，但我只是無意識地跟著前面的車開，剛好走到沒有海嘯的路線。如果開別條路，可能就會陷入路被沖斷的險境，回不了家了。」

當時雪子的大兒子二十一歲，大女兒十九歲，小女兒則是十七歲。她在下午五點半左右回到家時，大女兒正好也回來了，三個小孩都平安無事。由於是在高崗上的獨棟建築，不用擔心海嘯，房子裡也沒什麼受損。

「搖晃得這麼厲害，出乎意料之外地，傢俱之類的幾乎都沒倒。除了二樓的衣櫥門全部打開了以外，連電視都站得好好的……」

「那個，當時丈夫有跟你連絡嗎？」

一提到丈夫，雪子滿不在乎地說：

「雖然不能講出公司名稱，不過孩子的爸（丈夫）從事的是那種在天災發生時無法馬上下班回家的工作，所以我也不是很在意。我開車回家的路上，好像只有簡訊能通，他傳了好幾次問我：『還好嗎？』我回他之後，他又回傳：『我沒事，也和孩子們聯絡上了。』」

到目前為止的訪談中，她都稱他為「丈夫」或「老公」，現在卻改叫他「孩子的爸」。我想可能是因為談話內容開始觸及全家人，而不再限於夫妻兩人的關係。由於先前聽說過她雙親的事，我就直接切入話題了。

「那，有回娘家那邊嗎？」

「那天晚上有試著回去。九點左右吧，我跟孩子們說聯絡不上爺爺奶奶，讓他們都坐上車，開出去後，路上一片黑暗……但我想，比起在避難所乾等，還不如回去看看。那時聽到廣播說：『（海嘯）已越過國道四十五號，請民眾不要靠近。』雖然知道很危險，但因為沒親眼目睹，還感受不到海嘯造成的災情有多麼慘重，只單純想著要過去。才剛開到JR電車的平交道，就發現都是海嘯沖過來的瓦礫，而且前方一片汪洋，只好放棄，就地折返。為了多取得一些地震的消息，一路上都開著車上的廣播，結果都在報導仙台的荒濱那邊發現好幾具遺體，數字不斷往上更新。我心想：『嗚哇——也太嚴重了吧！為什麼會發生這種事啊？』」

很恰巧的是，地震發生前兩天，也就是三月九日，雪子才剛帶著孩子們回過娘家而已。

「在那之前已經好幾個月沒回去了，不知為何當天一直覺得晚上一定要過去一趟，帶了孩子們一起回去探望兩位老人家。完全沒想到，那竟然會是最後一次見面。」

地震當天晚上，她跟孩子們一起鋪了棉被睡在客廳地板。但是……

「因為餘震不斷，再加上心裡掛念爸媽，我一直睡不著。天一亮我就自己回娘家去。那時淹水的地方大多已經退掉了，很多人走在路上。好幾個地方被瓦礫擋住過不去，好不容易避開這些到了娘家所在的公宅社區入口，卻發現前面下水道的蓋子全都掀開了，車子確定過不去，所以我下車用走的。到家門口一看，情況真的非常慘。建築物勉強還留著，但玄關的門都不見了，從外面看，整個院子都積滿泥沙，穿一般的鞋子根本走不進去。牆面上還留著海嘯沖刷的痕跡，就這樣一道、兩道、三道，清楚地刻印著。」

深知自己一個人無能為力的雪子，只能先驅車返家。

「到家後，我跟孩子們說娘家那邊很嚴重，讓他們上車後再次前往。這次雖然可以開到房子前面，但地上全是泥巴無法下車，孩子們只能打開車窗大喊：「爺爺！奶奶！」不過一點回應也沒有。因為娘家的車不在現場，想說先去避難所看看時，半路上遇到了姪女。她說：『媽媽好像去你家找你了。』她講的是跟我爸媽同住的姊姊。所以我又開車回家。在家門口玄關看到姊姊時，她全身上下都是泥巴，趕緊讓她換上乾淨的衣服後，把孩子留在家裡，剩姊姊跟我上車，決定馬上去避難所。地震發生時，我姊人在公司，所以也不知道爸媽的下落。」

聽著雪子的敘述，我在災區採訪時的記憶又再度甦醒了，那是在我鼻腔內揮之不去，混合著油耗及鹹水的泥濘味。不只是單純的土臭，還混雜著生活起居產生的異味，聞起來像是水溝的味道。

「去了避難所後，遇到了娘家附近的鄰居，但問有沒有看到我父母，他說：『你們家兩位老人家沒有在這裡唷。』覺得好奇怪，到底會去哪裡呢？我跟姊姊討論著：『會不會逃到老媽的老家大崎（宮城縣）那邊去呢？』『應該不會吧，這樣的話應該要來我家比較近吧。』」

聽到這邊，我想到她提過的事，開口問道：

「你父親的遺體就是在那天，也就是地震隔天找到的嗎？」

「是隔天找到的，但我們第三天才知道這件事。我們覺得雖然聯絡不上，但應該還活著，只是不知道逃去哪避難了，所以一直沒有去遺體安置所，只在避難所找。到了第三天，因為電話不通，娘家附近的消防隊員特地上門告知：『好像找到一具很像（父親）的遺體』，又說『這種事不好說，請親自到〇〇體育館走一趟確認吧。』當下真的是晴天霹靂，但到現場才發現並不是我爸。」

但是這個誤會最後卻成為找到父親遺體的線索。

「既然都來了，反正就先確認幾具遺體看看。遺體清單上列了很多像是被發現的位置、日期、大概幾歲、年齡跟身高等資訊。我選了幾個編號，都是六十歲到七十歲左右，在娘家那個地區附近發現的男性遺體。『請讓我看〇號、〇號跟〇號』，提出申請手續後，就進到安置所裡面……」

說到這，雪子開始掩不住激動的情緒，音量漸漸大聲起來。

「第一個看到的遺體，就是我爸。真的嚇到了，我選的那幾個編號裡，竟然第一個就是父親……」

淚眼相對的再會，接踵而來的卻是各種問題。

「就算找到爸爸，遺體也還只能暫放安置所，警方知道他的身分後，還是得辦妥各種手續才能領回。實在不是繼續沉浸在悲傷裡的時候。還得請區公所開立死亡證明書之類的。我詢問安置所的駐警接下來應該要怎麼做？要怎麼辦理手續？他們只表示目前要送火葬場是不可能的，葬儀社也全滿，只能請我們自己找相關業者，自己想辦法火化了。」

這天第一次，雪子臉上浮現了憤憤不平的表情。

「不覺得很讓人生氣嗎？沒地方可以幫車子加油，運送遺體的廂型車也被海嘯沖走了，根本沒有其他辦法移走遺體。」

在這種狀況下派上用場的，是她姊姊之前為了以防萬一而加入的菩提互助會。

「跟互助會聯絡之後，對方告知如果能稍微等一下，是可以幫忙找相關業者跟火葬場。預定可以火葬的時間大概在四月上旬，在那之前就先寄放在安置所，每天幫我們添加新的乾冰。」

我提出疑問：「在你父親進行火化的時候，是不是還沒有找到你母親的遺體呢？」

「是的。聽附近的人說，他們是一起開車逃走的。我們想那會不會還在車裡，但不久之後找到車子，車內卻是空的，所以我母親不知道被沖到哪裡去了……」

雪子每天都到遺體安置所去找尋母親的下落。地震發生後大約兩個月，剛開始放五月連假時，她接到了電話。

「聯絡我的是離家裡有段距離的A市（位於宮城縣）警方。他說：『我們四月底在A市海域三十公里處尋獲的成年女性遺體，特徵跟令堂很相似。』說是身材嬌小、年齡約七十歲左右，還說：『在A市比對不到符合的失蹤人口，如果方便的話，請過來指認。』我說會馬上過去，於是對方先將照片傳真過來。但浮屍整個已經吸水膨脹，根本無法看出原本的樣子，沒辦法確認。」

「隔天我去了A市的安置所現場看了遺體，因為一直泡在海裡，已經變成這樣了喔。」

雪子朝我張開雙臂，試圖讓我能夠想像那膨脹的狀態。

「我姊姊有想到會這樣，準備了媽媽生前有露臉的相片，讓鑑識官比較鼻子跟耳朵等器官的位置。他看了之後說：『從位置來看是差不多的，但是形狀跟生前的照片比完全不一樣，你們覺得呢？』遺物有一枚戒指，但連跟媽媽一起住的姊姊都說：『有這樣的戒指嗎？』完全沒有印象。身上的衣物也是同樣情形，不過內衣平常是姊姊在洗，還記得一些特徵，她說：『感覺好像是。』為了保險起見，我們申請了DNA鑑定。」

因為也過了一段時間了，A市的安置所只剩下三具身分不明的遺體。

「遺體開始腐爛，味道臭得不得了。也不能就這樣一直放著，所方說：『到這個星期結束，還無法確認身分的遺體會直接在A市火化。』問我們到時候如何處理？我是想萬一那真的是媽媽，就這樣火化了不是非常遺憾嗎？所以拜託他們先不要。然後聯絡了娘家的一些親戚，等大家都到了之後，再進行火化。」

火化後的遺骨在身分確定之前，先安置在A市的某間寺廟。八月中旬，DNA鑑定的結果終於出爐，確定是雪子的母親。

「DNA鑑定大多委託外縣市處理，震災發生到現在已經五個月，但好像因為數量實在太多，作業上有點趕不及。不過這下總算可以迎接媽媽的遺骨回家了。」

此時此刻，雪子也重回之前的外送店上班。當我想再繼續問下去時，店裡打電話來告知，我買的鐘點時間已經到了。

關於她回歸之後的工作狀況、客人的形色、跟丈夫之間關係的變化等，想問的問題還堆得跟山一樣高。但後面她還有別的客人，只能先道別，之後若有機會採訪，再請她分享吧。

目送雪子搭上來接她的車離開後，我回到房內確認剛才的採訪紀錄。室內剩下換氣扇發出的嗡嗡聲，到目前為止，我一直以為，不會有女性這麼鉅細靡遺地對我訴說自己的故事，但雪子顛覆了我這種想法。

實際上以風俗業來說，像她這樣的例子是十分稀少的。為了能再聽她分享更多，得盡可能地找到適合刊載的媒體才行。

*

之後我在二〇一二年三月和二〇一三年三月都得到再次採訪雪子的機會，但因為這兩次採訪是以攝影為主，時間上更壓縮，能夠提出的問題也相對地受到限制。

聽到的一些新內容像是，她在國小很不起眼，卻因為瞳孔顏色比較淺而被叫做「老外」，遭遇霸凌。國、高中時代都參加器械體操社，在高中還擔任社長。

另外，第一次性經驗的對象是高中參加校外比賽時認識，別間學校大她一屆的學長。

還有一個我完全意想不到的話題。雪子的大女兒竟然知道她做外送風俗。我在拍照時聽到她說出這件事時，驚訝到大喊了一聲：「什麼？」

「她畢竟也是女孩子，自然會注意到我的不同。我在二〇一〇年十月入行時，她馬上就發現了，那時她還是個高中生而已。」

我問她是什麼樣的變化呢？她回答道：

「最明顯的應該是穿著吧，變得比較會打扮了。我辭掉前公司之後，她問我接下來要去哪裡，一開始我騙她：『去卡拉OK店的櫃檯打工啊。』但之後她漸漸起疑，覺得愈來愈奇怪，某天突然問我：『媽媽你該不會是在做外送吧？』我也直接回答『嗯』就承認了。我跟她道歉說：『我不想再騙你了，對不起讓你有這樣的媽媽。』結果，她說：『不會啦，我也沒特別排斥，所以你不要看不起自己，還不錯啊。』於是我跟她坦承了一切，包括她爸爸一直沒拿錢回家、我交了男朋友，還有風俗業的事她爸爸也知情等。我還是跟她說：『對你來說他還是爸爸，所以就算我講了這些，你也不要瞧不起他，還是要平常心對待他。媽媽我一開始也想離婚的，現在暫時不去想這個了。』不過我還是加了一句：『但之後會怎樣就很難說了。』」

其實雪子在地震發生前兩個月，也就是二〇一一年一月時，曾跟丈夫說過這樣的話。

「當時他問我離婚的事是否有轉圜餘地，我回答他：『不可能，我其實想要現在就離，但不想讓孩子們傷心，所以先忍耐。不過等他們成年後我就不知道了。』丈夫聽完說：『知道了，我會抱著總有一天會離婚的覺悟繼續過日子。』」

換句話說，雪子對想要重修舊好的丈夫，再次重申等孩子長大成人後就要離婚的意願。

對身為採訪者的我，雪子能夠將當時夫妻之間的情形赤裸地告白，但對自己的兒子，風俗業就不用說了，連跟丈夫私下討論離婚的事也是，她說：「還是什麼也別講的好。」

*

二〇一三年十一月，我終於有機會再次採訪雪子，而且這次時間充裕多了。雖然八個月前見過面，但深入採訪已是一年十個月之前的事。地點約在第一次訪問時那家情人旅館，先前的攝影也在這裡，某種意義上可說是個熟悉的地方了。

對她我也省了客套，打完招呼讓她入座後，直接切入正題說：「今天主要會詢問關於震災後你回到風俗業工作的情形。」眼前的雪子穿著她一貫喜好的黑色系裙裝，搭配酒紅色的外套。歲月在她身上彷彿不存在似的，從體態到外表完全沒有絲毫走樣，不禁讓我感到十分佩服。

「對了，你曾說過在考慮回去接客前一個月左右，有進行減重來雕塑身材是嗎？」

「是啊，那時完全是『震災肥』上身，盡是吃一些平常我不太碰的泡麵啦、高熱量的食物，長了不少脂肪。我心想這樣沒辦法回去見人，於是花了三個星期左右做慢跑之類的運動，身材才恢復的。」

「可以問一下瘦了多少嗎？」

「我想想喔，瘦了八公斤呢。」

她身高並沒有特別高，怎麼說都算是嬌小型的，能在短時間內瘦到八公斤之多，這樣堅強的意志力真是令人驚訝。

「既然都決定要回去了，一直這樣拖拖拉拉的也不是辦法。所以我直接在工作室的官網寫了部落格，告訴客人我在五月最後一週會恢復出勤，鍛鍊身體時才能以那天為目標。」

我問她重新開始接客有什麼感想。

「在地震發生前那五個月累積下來的回頭客都很擔心我，還有人直接打到店裡問說：『請問雪子還活著嗎？』真的很感激，恢復出勤時，大家也都回來找我了。」

「順帶問一下，大概有幾位常客呢？」

「嗯……我沒有特別算欸，應該有六十位左右吧。」

「咦？這麼多嗎？」

「是啊，所以連續好幾天都忙著接指名的客人呢。」

實質上只出勤五個月的小姐，中斷一段時間後再重新復出，能夠接到約六十位的回頭客，這在風俗業界是相當特別的例子。從數字上完全可以反映她受歡迎的程度。她繼續說道：

「我在部落格上寫到雙親都在海嘯時罹難的事，很多人在上面留言安慰我，對我來說也是很大的鼓勵。」

這時我下定決心問了有點難以啟齒的問題。

「相對的，有常客在震災時罹難嗎？」

「……有，雖然我知道的只有一位。」

像是勉強擠出這句話，雪子往下說：

「有已經往生的人，也有在震災後一直忙於工作，過了一年才再次接到的客人。」

「客人裡應該也有因為海嘯而失去家人的吧？」

「有，非常多。」

就如同先前採訪過的 Chaco 等人所說，在與難以想像的悲慘現實直接對峙時，慰藉是必要的。雪子繼續說道：

「妻子或小孩過世的人非常多，還自嘲：『只有自己因為在很遠的地方工作才沒事。』就算之後不得不轉換心情回到工作崗位與原本的生活，但家裡已不再有像妻子這樣活生生的人會帶給他溫暖了。他們說：『雖然叫小姐很對不起死去的老婆，但也只能靠著這種方式……一小時、兩小時也好，將痛苦的記憶暫時遺忘。』」

我將雙手交叉在胸前，低聲沉吟。

「我恢復出勤沒多久就到了六月，那時就接過很多這樣的客人。到了秋天還是會有客人跟我說：『我看了雪子的部落格喔，出來工作你也是辛苦了。』聊了才知道他也失去家人。」

「像這樣有家人罹難的客人，在雪子的印象中大概有幾位？」

「我記得的，妻子跟小孩同時過世的有六位，妻子往生的兩位，失去小孩的大概六位吧。還有母親跟弟弟過世，或是爺爺奶奶罹難的。不過最多的就是『親人都沒事，但是房子被海嘯沖走了』這種情況。」

這聽了令人揪心。話說回來，她都願意跟我分享到目前為止所經歷的那些苦痛了，我也必須好好傾聽才行。這時我又重新提問道：

「聽客人說這些令人難受的事，雪子都怎麼回應呢？」

「嗯……總不能叫人家加油之類的吧。我會先聽他說，然後告訴對方我也有類似遭遇，只要在不要太勉強自己的程度下，讓話題慢慢進展。『不管是我雙親或是您夫人，都在天國看著我們，希望我們能回到正常的生活。』說著像這樣的話。因為還是有到現在都還擺脫不掉憂鬱的症狀，只能靠藥物的人。」

「例如說……」她說到這，舉了個例。

「有位客人原本在安養院工作，雖然自己的親人沒事，但安養院遭到海嘯侵襲，無法救出所有人。他只能眼睜睜看著那些行動不便的老人被沖走，自己無能為力。那位客人責任感非常強，為此陷入了憂鬱症，正不知道如何是好時，看到了我的部落格。他說：『讀了雪子寫的部落格，心想這個人應該可以了解我的痛苦。』於是便指名我了。」

我頻頻點頭稱是，她繼續說下去。

「他說：『跟雪子見面，把自己累積的壓力一次釋放出來，真的感到輕鬆許多。』對大部分男人來說，還是不太喜歡跟公司同事之類，同樣身為男性的對象發牢騷。對他們來說，像我做這行的人，是完全不認識的對象，可以嘩——地完全傾訴出來。『啊——真是痛快！雪子你很拚喔，真是了不起。』那位客人這樣說，還說：『我也別再繼續悶悶不樂了，人死無法復生，我會加油啦！』連續指名幾次之後，這位客人的笑容也漸漸多了起來。他告訴我：『我辭掉工作了。』

後來又說：『暫時先花點存款到處去走走。』就去了東京。回來時他跟我說：『我決定要創業了。』他現在成立公司，從事老人看護，帶領員工努力著呢。」

一問之下，這位客人年齡大約四十後半。雪子和他的「重生」有著密不可分的關係。

我再問她，目前為止聽客人說過的故事裡，印象最深刻的是什麼？她發出「嗯……」的聲音陷入思考，然後「啊」的一聲看著我。

「有位三十幾歲的客人，我記得他說地震當天去了仙台出差。那位客人的住家和自己的老家，還有太太的娘家都離很近。地震發生後他聯絡不上家人，開車開了兩天好不容易回到家。兒子人在地勢較高的托兒所而平安無事，兩人在避難所重逢。但是太太跟女兒、還有他自己的雙親和岳父母全都過世了。太太開廂型車載全家人逃難時被海嘯沖走。來我這裡時，他告訴我：『全家只剩我跟我兒子了……』」

故事還沒結束。

「他回到自家跟老家查看，發現情況非常慘重，沒看到家裡的車，正煩惱不知發生何事時，來清理家園的鄰居告訴他：『雖然是壞消息，但似乎已經找到他們了。』他趕到車子被沖走的地方後，由於搬運遺體的人手不足，只看到車上留著「內有遺體」的記號，連人帶車就這樣擺在他眼前……」

聽著她說的話，我感到一陣悵然。腦裡開始抗拒想像那樣的畫面。

「後來他到區公所去請託搬運遺體，但是人真的不夠，只好靠自己的雙手了。充當安置所的體育館已經全滿放置不下，只好在操場搭的臨時帳棚裡鋪上墊子，暫時放在那裡。這樣的狀況持續了好幾天，就算是遺體也會覺得冷吧，真的是太可憐了……聽他說的時候我也跟著哭，真受不了。腦中一直出現家人遺體被發現時的樣子，我也曾經跟他一樣，每天都到安置所去……」

雪子兩手抱在胸前，不停地搖頭。我開口提問了：

「那種情況下跟客人一起哭了嗎？」

「是啊，客人也哭了。那個，一開始在這裡（沙發）決定買幾個鐘點之後，不是會開始放洗澡水嗎？在等水放好的時候會開始閒聊一些『您是哪裡人呢？』之類的話題。那時這位客人一開始還很開心在說：『啊……現在恢復單身了呢。』我也只是回了句：『這樣子啊。』完全沒想到他所謂的單身竟然是這種理由。後來慢慢聊天之後他才說：『……其實啊』，因為種種原因『所有人都不在了。』我聽了非常驚訝。這客人自己經營一家公司，卻對我說：『雖然我是管理職，但不會去跟員工說這些事情，再怎麼說頭銜還是社長嘛。』另外由於兒子年紀還小，他不知道該怎麼辦，總之先跟兄弟姊妹商量，讓孩子先借住在親戚家。這樣他才得以回到工作崗位上。」

雪子聽到這段故事時，地震已經發生超過一年左右了。

「雪子你聽了這麼多類似這樣的故事，是否覺得變成自己的負擔呢？」

針對我的提問，她立刻作出回覆。

「我對這些已經可以很順利地切換了。當然偶爾想起來還是會意志消沉。但我覺得既然對方都指名我服務了，在這段時間內務必要好好做才行，這樣的意識還滿強烈的呢。」

這次採訪時，距離震災已過了兩年八個月。我問道：

「震災已經過了好一段時間了，到現在還是會聊到這個話題嗎？」

「嗯，還是會啊。前陣子有第一次來的客人問我：『你哪裡人？』我回答後話題又變成：『地震的時候沒事吧？』當然也有人不願意再回想，所以我幾乎不會主動提。不過年紀比較大的客人還滿常聊這些的，而且很喜歡問東問西。相對的，也有丟下一句：『好了別再說了！』拒絕再提到這個話題的客人。」

面對形形色色的人，要有不同的對應方式。

「也有人從頭到尾小心翼翼絕口不提自己的事。不過就算是這樣的客人，在完事後洗好澡時，也會搭話說：『你是當地人嗎？我老家在石卷，不過全沒了。』又問道：『你家那邊還好吧？』我回答：『很慘，我老家也毀了。』對方聽了：『嗯……』似乎稍微想了一下什麼，說『這樣啊，你老家也沒啦』，又說『那你爸媽呢？』一聽到我回答『被海嘯沖走了』，對方就會大喊：『怎麼會這樣？』在這樣的對話中，就算再怎麼不平易近人的客人，也會頓時變得十分溫柔。」

我想那並不只是憐憫之情，而是感同身受吧。這種感情讓對方敞開心胸。

「目前是當地的客人比較多？還是來工作的外地人呢？」

「現在還是很多外縣市的人在支援碼頭的修復工程等，還有一些瓦礫還沒清運乾淨的。說到這個，像我昨天接的就全都是北海道人。感覺星期天接到的外地客會比較多。」

這次採訪是在星期一進行，這樣推算看來，平常日則是當地的客人比較多了。

「從外縣市來的人，多半是要在有限的工期內完成施工作業，所以平常日幾乎沒有休假。好像是因為有固定的進度吧，休假都只能休星期天。昨天其實湊巧都是北海道來的客人，也有很多從全國各地過來支援的。關西地區的客人也很多……」

話說到這裡，雪子突然站起來說：「啊，我來燒個開水吧。」按下快煮壺的開關。我去了一趟洗手間回來後，面前已經放著煮好的咖啡。

「對雪子來說，這份工作除了賺錢之外，還有其他讓你想繼續做下去的理由嗎？」

我邊啜飲著咖啡邊這樣問她。

「聽到客人說我讓他有療癒的感覺，或是讓他心情變得很輕鬆之類的話，就會很高興。感覺自己也能為別人做點什麼……而且又可以賺到錢。其實不管哪個部分我都很喜歡，不管是跟客人談天啦，還是客人說『下次還要再來』的時候，會有某種愉悅感呢。」

「之前做過的其他工作都沒辦法感受到這種愉悅感嗎？」

「是啊，完全不一樣。可能因為這工作是跟客人一對一單打獨鬥，只要我自己夠努力的話，馬上就可以看出實質的效果。也有客人會說：『你是我喜歡的類型』或是『跟我地震時死掉的老婆很像』。那個客人說：『還是沒辦法忘記老婆……和你在一起時，感覺老婆又回到身邊了。』對於跟他老婆相似這點，不覺得討厭，反而覺得感激。所以只要讓這位客人有那麼一絲『太太又回到身邊』的感覺，我就很開心了。」

既然提到了夫妻，我將話題轉回她自己的婚姻關係上。

「對了，先前你說過離婚的事，現在還是想跟丈夫離婚嗎？」

雪子露出一抹淡淡的笑容。

「離婚的話，我想說就算了。不過很抱歉，百分之百絕不是因為我心裡已經原諒丈夫，或是想重回夫妻關係之類的……說到底還是因為地震吧。震災後我能夠繼續工作養育孩子，其實是因為我爸媽一直在我心中支持著我。考慮到以後，我的孩子們也結婚生子的話，我就要扮演奶奶的角色了。必須照顧他們、引導他們才行。因此，拋棄孩子們去私奔或是離婚都不行。有時也還是會想去找男友，但我是絕對不會離開孩子的，因為一定會後悔。」

「那孩子們都知道父母親目前是什麼狀態嗎？」

「不，目前知道我做這行的，只有大女兒而已。我兒子就算了，不可能讓他知道。小女兒可能也無法接受。唯一讓我感到救贖的就是大女兒，對於我的工作，她說：『沒關係啊，又不是什麼可恥的事，因為媽媽就是這樣賺錢養家的，我不會有偏見。』」

說到這，雪子突然壓低了聲音說：「其實……」

「前陣子有一本風俗雜誌的頭版寫真彩頁登了我的照片，放在情人旅館還是什麼地方吧，好像被我大女兒跟她男友看到了。她就直接問我：『媽媽是不是有上雜誌啊？』」

「那你女兒的男友不就知道你在風俗業工作了嗎？」

「是的，他也知道了。」

真是豁達啊，我頓時這樣想。不過她這樣開闊的胸襟，是否能繼續承受與接納為數眾多的尋芳客心中的悲痛呢？

雪子能在這種時間點開始從事這份工作，不禁讓我覺得這是上天最好的安排。她自己本身就不必說，對那些被她服務的客人而言，不得不說是救贖般的存在了。

第七章

連結風俗店長與女孩子的那支手機

風俗店主と女の子を繫いだ携帯電話

我手握方向盤，映入眼簾的是「北上江釣子交流道」這排文字。

自二〇一一年三月以來，我不知到底從這個交流道下高速公路幾次了，明明在那之前一次也沒開過。震災發生到現在的兩年半時間，這竟已成為我再熟悉不過的景色之一。

二〇一三年十一月，我在石卷市採訪完雪子。準備從一關交流道上東北高速公路朝北開，前往岩手縣的北上市。下高速公路後轉進一般道路，跟著車內導航穿過市區，到達目的地一家藥妝賣場的停車場。我停下車，撥通了手機通訊錄裡的一支電話。

「喂，您好。」

電話另一頭傳來沉穩的男聲。

「啊，我是小野，我已經到了。」

「這樣啊，那我現在過去，稍等一下啊。」

講電話的對象是白井先生，也就是先前採訪的兩位小姐——小彩和沙織所屬的外送風俗老闆。今天要採訪的不是女孩子，而是白井先生。

等他來的時候我稍微放空，不到五分鐘後，一台白色的國產高級轎車開到我旁邊停了下來。我走出車外靠近他的駕駛座，白井先生搖下車窗對我露出笑容。

「我說啊，叫我接受訪問什麼的真的沒問題嗎？」

「當然沒問題。我可以坐你旁邊嗎？」

「這我是無所謂啦……」

我將採訪用的東西準備好就一屁股坐進副駕駛座，車內的皮椅聞起來有新皮革的香味。

「我這邊會提出問題，所以您別擔心。」

「這樣啊，那我就放心了，雖然我很多話，但真的要我講的時候，還真不知道該講什麼呢。」

白井先生笑著這麼說，接著抽起菸來。我也不囉嗦就直接發問了。

「地震發生之後，白井先生的工作室是何時重新營業的呢？」

「嗯……還滿晚的，大概地震後兩個星期吧……我本來想說一個星期就差不多了，結果在汽油供應吃緊的狀況下，女孩子們也根本不能出勤啊。」

「不會啊，我覺得兩個星期內就恢復營業已經很快了。還有其他地區的工作室比這邊還快的嗎？」

「盛岡地區吧，我記得那邊的民生用電跟用水滿早就恢復了，一些比較老字號的工作室差不多一個星期就重新營運了呢。」

記憶中，內陸地區的生活基礎設施的確較早恢復正常。我自己在三月十二日半夜，抵達同樣位於岩手縣災區的奧州市水澤區時，當地的電力已經全面恢復了。

「白井先生工作室的小姐有石卷跟氣仙沼的人嘛，你是什麼時侯跟她們聯絡上的呢？」

「我想想，沿海地區的話，最快也花了一個月左右的時間吧，最晚還有半年後才聯絡上的。有個住大船渡的小姐遭遇最不幸，還被沖走……是位三十五歲的家庭主婦。」

「被沖走了是指……海嘯的意思？」

驚訝之餘我不禁提高了音量，白井先生回答「是啊」，點了點頭。

「聽說她在逃往市政府的途中遇到海嘯，就這樣被沖到了水裡，整個晚上只抓著一塊木板之類的東西在水裡載浮載沉。她說那時下半身完全無感，雙腿好像都不見了的感覺。入夜後，海面上一片漆黑，周圍都是一樣被海嘯沖過來的人，大家互相發出聲音鼓勵對方，『加油，撐下去』之類的。過了凌晨四點，自衛隊派了直昇機過來救援他們。」

「真是無法想像的遭遇啊……」我忍不住感嘆。

「她被送到內陸地區的醫院，檢查後果然是骨折了。之後過了半年左右，才跟工作室聯絡。當下我看到新聞報導，想確認她是否平安，但是一直聯絡不上，還心想她說不定已經罹難了呢……」

以當時沿海地帶災情慘重的狀態來看，如果一直連絡不上對方，自然會往有生命危險的方向聯想。不過幸運的是，最後白井先生還是連絡上了所有的女孩子。

「住大船渡、陸前高田跟宮古的小姐都沒事。不過陸前高田這位是三十二歲的主婦，因為家裡房子被沖毀了，只能住在組合屋避難，沒有辦法繼續出勤上班，這種狀況也是有的。」

我繼續提問道：「地震發生後兩個星期就重新營業，那當時有客人上門嗎？」

「可說是忙到不行啊。直接了當地說，因為震災，很多人沒辦法去公司上班，這些人可能時間空了出來，我們這裡生意比平常多了不少。」

原本我以為內陸區不會有這種情形，不過看來我想錯了。

「這樣忙碌的期間大概持續多久呢？」

「嗯……大概半年吧。問了客人還是多半是地震的災民。北上是這樣，還有前澤和一關那邊也是。從沿海地區過來避難的災民，領到不少的捐款或是保險理賠金，時間又多。所以聽說酒店的生意也好到不行呢。」

這時我想到採訪雪子時聽到的那些故事。

「客人裡也有因為地震而失去親人的嗎？」

「嗯，問小姐們就知道了，家人罹難的客人似乎不少。太太、小孩，或是爺爺奶奶之類的親戚。說到這個，我這邊有一個女孩子，她的親戚小孩也過世了，應該才五歲吧……」

他說著撚熄了手上的菸，我繼續問了：

「目前出勤中的小姐，精神狀態還好嗎？夏天時，似乎有些女孩子開始出現了ＰＴＳＤ的症狀。」

「精神狀態嘛，小彩似乎偶爾還是會因為地震的事而悶悶不樂。一想到當時的事就會哭，或是發抖，這症狀好像到目前還沒好。可能因為現在有時還是會有地震發生，當下馬上又會想起災情。連我自己也是，如果來個震度四左右的地震，就會心想：『不會吧，怎麼又來了。』」

接下來我詢問的問題，是我會想要開始針對震災區風俗女子進行採訪的主要動機。

「白井先生這邊是否有地震前完全沒有風俗業經驗的小姐，而是因為震災失業後才開始做這行的？」

「我這邊沒有欸。不過其他店好像有。」

「那相反地，是震災後才辭職的小姐呢？」

「那倒是有幾個。剛才說的住大船渡被海嘯沖走的小姐，結果就沒回來上班。陸前高田那位房子被沖掉的，說是接客要用到的乳液之類的東西也不見了，所以要我另外送給她，但中途就斷了聯絡。其他也有好幾位小姐，一開始還有聯絡上，之後就換了手機號碼打不通的。」

「不過，像我採訪沙織時，她說在這種時期能有一份工作就很感激了……」

「當然也有人會這樣想。即使身處災區，但因為房子還在，就無法拿到捐款。

這種立場不上不下的人是一毛錢也拿不到，我這裡就有兩位小姐是這樣，問了她們本人，都說沒有拿到捐款或是保險金。再加上地震造成失業，所以我才會覺得，還是有人認為這份工作對她是有幫助的。」

同樣是受災戶，姑且不論失業的部分，以住家遭到破壞的程度不同，後續能領到的相關補助也會產生不小的差異。雖然也只能以「運氣」兩字一言蔽之，但眼看有人領到補助，領不到的人心中的焦慮卻是難以想像。

「地震前後，女孩子有什麼不一樣嗎？」

「沒什麼差別啊，認真的人一樣努力工作，沒那麼認真的人就繼續混水摸魚。人啊，是不會有什麼太大變化的唷。」

白井先生這麼說完就笑了。我繼續詢問地震當天的狀況。

「地震發生時，有女孩子正在接客的嗎？」

「喔，有啊有啊。那時剛好她們人都在旅館，因為發生了大地震，所以必須離開室內。但電話不通沒辦法連絡車伕，只好請客人載她們回來。不過沒花多少時間，所有人都馬上回到工作室來了。」

「以白井先生經營者的身分來看，發生這麼大的地震，對於之後不知能否重新營業，是否感覺到不安呢？」

「不，那時候我倒不擔心這個。至少我們家小姐都可以聯絡得上，就這點我還滿樂觀的。」

從他游刃有餘的語調中，其實還是聽得出些許的不確定感。

「有什麼是震災當時讓你留下深刻印象的嗎？」

聽到我這樣問，白井先生想了一下，不過馬上就回答道：

「那個，剛才有說盛岡那邊的民生設施比較早恢復嘛。我們在盛岡也有分店，這邊停水之後，我就提議大家一起過去那邊洗澡，把女孩子全送過去，在盛岡待命用的公寓裡睡了一個星期大通鋪。等到北上市這裡開始供水供電了再回來。」

這是在沒有直接被海嘯衝擊的內陸地區才做得到的。聽白井先生敘述，那時一同前往的女孩們說：「就算回家也沒水沒電，跟工作室的人一起，反而還比較安心。」

「那，就算民生設施已經恢復，汽油的供應還是很吃緊吧？」

「沒錯。那時按比例分配，到加油站排三、四個小時的隊，只能加到五公升的油，大概是這樣少的量。所以都請車伕開到旅館附近熄火待命。不過聽說某些業者因為認識加油站的員工，私底下拿了不少汽油。不然就是用一些不肖的手段……」

說到這裡，白井先生突然瞄了一眼時鐘，看來差不多該結束這話題了。

「從其他縣市過來支援災後復興工程的人，也會到您這消費嗎？」

「有啊有啊，很多喔。女孩們也比較喜歡接這種外地客。主要是當地人容易遇到認識的，有風險嘛。畢竟風俗業界還是很小的。有時會發現客人是前男友之類的……那個女孩子到現在想起來還會發牢騷：『竟然對我說為什麼要付錢給你！什麼嘛！』」

可能想到當時女孩子的表情，他說著自己也笑了出來。最後我詢問白井先生，在這邊工作的女孩子，實際上從海嘯侵襲的沿海地區出身的共有幾位。

「石卷兩位、氣仙沼四位、陸前高田兩位、大船渡兩位，還有宮古跟山田各一位吧。然後其中大船渡跟陸前高田有兩位沒有再來上班。家裡房子被沖毀的記得是有三個人吧……」

他邊算邊折著手指。她們想必各自都有自己的人生故事。兩小時後，從白井先生計算的手指中，將會有其中一位女孩子接受採訪。

*

指定的採訪地點不是情人旅館，而是奧州市一處公園的停車場裡。對方先在白井先生安排的車上等候，我將車開到旁邊停好後，她再移動到我的副駕駛座上，在車內進行訪問。

在下一位預約的客人之前只能利用有限的時間，而且為了符合週刊的主題，還必須問到敏感帶或是自豪的技巧之類的問題。這是為了能在媒體上刊載她們的故事，而不得不達成的最低限度條件。

在我面前的是即將接受採訪的詩穗小姐，三十四歲，之前是上班族。身材纖細的她化著自然的淡妝，長相也是成熟的和風臉蛋，看起來就是適合穿上中小企業信用銀行制服的類型。

老家位於宮城縣氣仙沼市的她，其實並沒有告訴客人自己來自沿海災區。所以我跟她約定好，週刊的主題報導會登出店名和花名，但不會有任何關於她出身地的資訊。然後我們便先將週刊所需的內容完成。

她是從二〇一〇年五月開始在現在這家店上班，進入風俗業的原因則是家庭因素。

「我以前在水產加工的公司擔任行政工作。現在已經辭職了，不過在我們工作室的網站上還是寫說我是ＯＬ。地震發生前年我母親就因病過世了，在那之後才發現家裡借了不少錢。本來打算跟姊姊一起清償這些債務，不過光靠白天工作的收入根本不夠。之前那份工作的薪水一個月不到十二萬日幣。所以，雖然還是有點猶豫，但也沒別的辦法，我就進了現在這家店。」

她在找相關工作時，看到了這家店的網頁。最後決定加入的原因，似乎是這家店的小姐比較多，讓她比較放心的緣故。

「一開始真的緊張到不行，不過，大概過了一個星期吧，反而開始習慣了。可能是因為我自己本身就很喜歡性愛吧，如果對方主動的話，會想要更多……」

詩穗似乎很不好意思，眼睛看著地上說了這些。不過，也有無法接受這種工作的人，迫於現實才開始從事特種行業，這就是這業界的生態。關於這點，她自己是否有繼續做下去的原因呢？

「主要還是存錢吧，朝著自己的目標前進很令人開心。另外，在接客時可以跟不同對象營造出類似男女朋友的氣氛，進行起來也是滿愉快的呢。」

話雖如此，這樣不可告人的職業型態還是會讓她產生罪惡感。針對這點我提問道，她對周遭的人是如何說明現在的工作的？

「對身邊的人，我都說出勤的那段時間是到居酒屋上班。在之前一點是說做伴遊之類的工作。有時候我姊或其他人會問我：『工作還好嗎？』我就跟他們虛應跟那些工作有關的事，這種說謊的行為讓我很有罪惡感。」

她開始接客工作十個月後，遇到了大地震。我問她地震發生時人在哪裡，她以沉穩的語調回答：

「地震時我人在家裡，還沒去上班，我住在氣仙沼海邊附近的公寓。那時有人喊：『海嘯要來了。』聽到之後我馬上開車離開。那時我一個人住，自己往山上的方向跑。我離開後，公寓馬上就被海嘯沖走了。因為太慌忙了，我什麼也沒拿，家裡的所有東西就這樣被沖走了。」

這時我問道：「有親眼看到海嘯沖進氣仙沼嗎？」

「我避難的地方在山上，只能遠遠地看到一點點海面。不過天色暗下來後，從山上都能看到港口那邊燃燒的樣子，街道也接連起火，天空染成一片橘紅。看起來彷彿是夢裡才會有的場景，實在無法跟現實連結。我當時受到了相當大的衝擊。」

「是什麼時候到避難所去的呢？」

「在車上待了兩天，等到情況比較穩定之後去了避難所。結果在避難所住了二十幾天，那邊沒有浴室不能洗澡，睡覺也沒有棉被只能包著毛毯，記憶中全身酸痛非常痛苦。」

問到她的家人時，詩穗看著我。

「我家父母都不在了，唯一的親人剩下姊姊夫妻倆住在氣仙沼的老家。那時打手機一直無法聯絡上我姊姊，心裡想著到底怎麼了，擔心到不行。五、六天後，姊姊來避難所找到我，我們才終於又見到面了。」

人在避難所時，她注意到工作室的老闆白井先生打了好幾通電話過來。

「店長似乎很擔心，地震第二天跟第三天都有打電話給我，看手機的來電紀錄才發現的。當時人心惶惶，看到還是覺得非常感激。」

聯絡上白井先生後，他告訴詩穗隨時都可以回去上班。不過對她來說，當下最重要的還是先找到住的地方。

「結果我還是離開避難所搬到內陸地區，在一關市找了間公寓。我是在氣仙沼出生長大的，搬到內陸地區住還是不免有點想家的感覺。但是老家那一區因為海嘯的關係，房子變得很少，就算有物件也馬上就被租走了，環境條件也不優。我沒別的選擇……」

詩穗在四月初左右搬到一關市的公寓，原本預計四月十日恢復出勤，但卻因為發生了某件事而延期了。

「我也已經告訴店長：『十號左右就可以回去上班。』但是在四月七日不是又發生了一次餘震嗎？是三一一以來最大的一次。為了處理後續無法立即恢復出勤。結果拖到二十號才回去。」

這場芮氏規模七點四的餘震發生的那天晚上，我人正在北上市一家常去的酒吧裡。突然感受到一陣由下而上的衝擊，緊接而來的是左右劇烈的搖晃。

搖晃強度大約是震度五。店內的玻璃杯開始從櫥櫃上摔落裂成碎片。老闆雙手緊抓著吧台邊緣，嘴裡念著：「這下糟了。」店裡只有我一個客人，我喊說：「爐子的火不要緊吧？」因為怕木造的舊房子可能會倒塌，他催促我：「還是先出去吧，去外面。」

出到店門外時，搖晃還在持續中。隔壁店家的客人跟員工也都陸陸續續地跑到外面來了。

「什麼呀這是，真是討厭。」

耳邊傳來中年女性的悲嘆聲，聽起來就快要無法忍受了的語氣。我沒多想便出聲說：「沒事，沒事。」結果對方怒氣沖沖地回說：「這哪裡沒事了！」在這同時，附近開始聽到牆壁的磚瓦掉落的聲音。

我還清楚記得，接下來街道上所有的燈光突然同時熄滅，周圍的人紛紛發出一陣「啊！」的驚呼聲。原來同一時間，詩穗在一關市也經歷了這些。

我看著她問道：「發生地震後再恢復接客，感覺跟之前有什麼不同嗎？」

「印象最深刻的還是忙碌的程度吧。跟之前比，幾乎是全滿的狀態。我工作時間是下午四點到晚上十點，這樣一天可以排到四、五組客人。有做建築的人，也有來採訪的電視媒體工作人員等。外縣市來的客人變多了，還有沿海災區過來的客人也不少。真的聽了很多關於地震的事，像是公司跟住的地方全都被沖毀了，只能暫時住在組合屋的人……」

詩穗說著將兩手抱在胸前，我盡可能輕描淡寫地問她。

「也有親人過世的客人嗎？」

「有，是位四十歲左右，住在大船渡的客人。說是親戚阿姨在海嘯時失蹤了。像這樣的客人我就會跟他聊我老家的事，我嬸嬸也因為地震不在了，我會跟客人說些像是：『我嬸嬸也過世了……不過還好，我們都還活著，一起努力吧。』這類的話。」

這時我提出了從一開始就有的疑問。

「詩穗你是沿海地區出身的人，這點對客人是保密的，請問其中是有什麼理由呢？」

「嗯，畢竟這業界還滿小的。如果寫了出身地，接到的是認識的當地人，那就尷尬了。剛才提到那位大船渡的客人，我會跟他聊震災的事也是因為他跟我不同地區，所以比較不擔心會被傳出去。然後我也覺得，告訴他自己也有同樣的遭遇，應該可以稍微安慰到對方吧。」

我再追問道：「當你看到眼前的人遭遇了這麼悲慘的事，是否會萌生想為對方做點什麼的心情呢？」

「可能有吧。有的人講到地震的事，眼眶都紅了。就像那位大船渡的客人一樣。另外還有很多客人回憶起地震當時，心情就會變得有點憂鬱。」

我反問詩穗，她自己會不會也陷入這樣的心理狀態呢？

「我是不太會覺得憂鬱啦，但卻有種失落感。有一種自己所有一切都被海嘯沖走，連帶那些珍貴的回憶也付諸流水了的感覺。不過上班時可以每天跟人接觸、談話，也不失為一種轉換心情的方式，而且又有收入……」

「這麼說的話，你認為到風俗業上班，對地震後的自己是有幫助的囉？」

「可以這麼說吧。要是失業沒收入，又與世隔絕不能找人講話，我可能會整個人一蹶不振吧。」

「那現在這份工作對詩穗來說，有著什麼樣的職志呢？」

「是以達成自己夢想為目標，其實也就是存錢的心態來工作的。還有我也覺得這是份能夠帶給客人療癒感的工作，可以讓他們從今以後開始好好活下去。」

她的語氣聽起來毫無做作或是誇大的感覺。也不令人生厭，反而深感同意。

說到這裡時，有人敲了我身旁的車窗玻璃，回頭一看，是載她過來的那位車伕。他很不好意思地說：「抱歉，時間差不多了……」我朝他點了好幾次頭，告訴他：「再三、四分鐘就會結束了。」

「不好意思，時間似乎快到了，只剩下一、兩個問題了。現在這份工作，詩穗打算一直做到什麼時候呢？」

「嗯，我還沒想到那裡呢。就現在的狀況來說，老實說我還很難想像辭職這件事情。」

「那目前一個星期出勤幾天呢？」

「大約四到五天。休假時我在家還會看成人影片的DVD，研究要怎麼服務客人，很用功的呢。」

她一臉羞赧地這樣回答。就這樣，採訪的部分實在無法再延長時間了。最後我們在車裡拍攝週刊要使用的寫真照。她今天的打扮是黑色針織衫搭配橘色的圓蓬裙。我開口說道：

「不好意思，因為需要拍比較性感的照片，可以把裙子往上拉到可以稍微看到內褲的位置嗎？」

「好的。」

沒有任何抵抗，詩穗用手掀起了裙擺。透過膚色絲襪可以看到白底黑色點點花樣的底褲。

「那我要拍了。」

我看著相機，將觀景窗上的畫面調整到她的嘴唇下方，按下了快門。

「以防萬一，我們再拍一張。」

透過觀景窗，可以看到詩穗修剪整齊的手指甲，那指甲油的顏色猶如春天綻放的櫻花，透出一抹淡粉紅色。

第八章

經歷震災的女高中生，進入風俗業

被災した女子高生、風俗嬢になる

「小野先生嗎？不好意思突然打給你。是關於上次提到的那個女孩子，明天如果方便的話，可以請您過來嗎？」

結束了岩手縣的採訪工作，回東京的途中，在仙台市暫歇時接到了電話。是北上市外送店的店長合田打來的。

我採訪完在白井先生那邊工作的詩穗小姐的隔天，作為檯面上的正式採訪，在北上市採訪了在合田先生的店裡工作，同時兼差做看護的外送女孩。在預約採訪的時候，聽說同一家店還有另一位女孩子，是仙台市沿岸地帶的災民。雖然我馬上提出採訪的要求，但她因為沒有排班無法配合。於是我拜託他們，能夠安排採訪的時候馬上連絡我。

合田先生說那位女孩子名叫小雅，現年十九歲。震災時還是個十七歲的高中生。現在她就讀岩手縣的看護專科學校，剛打來說明天可以出勤。我馬上就決定取消回東京的行程，再次前往北上市。

隔天，在旅館房間等待，然後門鈴響了。打開門之後，一臉緊張的女孩子站在那邊。她穿著奶油色的毛衣與白色的迷你裙，用稍嫌緊繃的聲音自我介紹：「我是小雅，請多多指教。」講完之後，對我點頭示意。

「小雅之前應該沒有接受過訪問吧？」

我請她進房間，為了解除她的緊張，主動搭話。

「沒有，沒被採訪過。」

「這樣啊，接下來我會問各種問題，覺得可以回答的部分再回答就可以了喔。你想喝什麼？」

我將事前買好的瓶裝綠茶和麥茶推到她前面。

「啊，不好意思，那就這個好了……」

她選了麥茶。

「小雅是從什麼時候開始在現在這家店上班的呢？」

「今年（二〇一三年）九月底。」

「之前做過風俗業嗎？」

「沒有，這是第一次……」

「也就是說，你才剛做兩個月左右而已。這麼說起來，有什麼契機讓你想做這份工作嗎？」

「那個，我不是在念專科學校嗎……」

「是看護的專科對吧？」

「沒錯。學校的朋友有在做外送，我是聽她說才知道的。剛開始聽到是風俗業，心裡有點抗拒，聽她講了大約有一個月，漸漸地開始覺得做了也沒差……然後就邀了中學時期的朋友一起來做了。」

小雅蜷曲著身子坐在床邊一角，語調感覺有點沒自信。聲線還有講方言的感覺，簡直跟那年九月才剛下檔的NHK晨間劇《小海女》(註)的主角天野秋一模一樣。

「錢的部分，你有聽她們說過大約可以賺多少嗎？」

「專科的朋友說，一個月大概可以賺五十萬。」

「之前有在打工嗎？」

「喔，現在也還有在打工，在○○市的居酒屋，一星期上兩天班……」

一問才知道，居酒屋的打工從傍晚六點做到晚上十一點共五小時，時薪是八百元。換算成日薪則是四千元。一個月做八天的話，可以賺三萬兩千元。先不說做風俗業是否真的能月入五十萬，兩者的差距還是太大了。我繼續提問。

「做風俗賺的錢打算用來幹麼呢？」

「我在考慮畢業之後要去大阪，因為喜歡關西腔……為了這個存的，還有就是娛樂的花費……」

我是不曉得為了這些用途是否需要來做這份工作，實際上，她也說一開始有點抗拒工作的內容。

「第一天從頭到尾都很緊張。對於由自己主動服務有點障礙。然後，在不認識的人面前完全沒辦法脫衣服，請對方把燈調暗之後才總算能夠。服務完第一個客人之後，心想就做到今天結束好了。結果，那天接了四個客人，最後一位客人聽我說了很多話。因為這樣，我覺得好像也可以再努力看看，決定繼續做下去。」

接下來的談話中，我得知她才剛在從事風俗業前的五個月，也就是今年四月，跟交往對象發生了初體驗。於是我追問她：

「有男朋友還做這份工作嗎？」

「沒有啦，五月就分手了，是我被甩了。」

註　《小海女》（あまちゃん）由宮藤官九郎編劇，能年玲奈主演，是一部以振興東北為主題的連續劇，自二〇一三年四月一日至九月廿八日共上演一百五十六集，平均收視率20．6％，也是東日本大地震之後第一部再現震災情景的影視作品，受到廣大迴響，主要台詞亦被選為當年流行語大獎。

分手的理由好像跟她在找打工的事有關。

「朋友找我一起去盛岡某家陪酒酒吧體驗(註)，只上了一天班，就被抓包了。大概是手機被偷看了吧，跟朋友的對話沒有刪掉。」

她的語氣中並沒有譴責對方偷看手機的行為，反而覺得自己做錯事了。或許她的個性就是這樣，對現在的工作，也懷有罪惡感。

「剛開始的時候，連去店裡的事情都……現在也不敢對人講說自己到底在做些什麼，對親人和朋友總是一直撒謊，感到十分罪惡。」

我問她，去風俗工作的這段外出時間，如何跟父母解釋？

「我都跟爸媽說是去酒吧工作。風俗的事只有跟信賴的弟弟提過而已，一開始也被他罵了。」

弟弟比她小兩歲，現在念高三。這個年紀的男生應該很難理解為何姊姊要去風俗業打工吧，我對她這樣說，結果她回我：「現在也沒辦法理解吧。」既然這樣，為何要對弟弟坦白？我再次追問。

「爸媽如果問到我怎麼不在家的時候，想說他可以幫我擋一下……我們姊弟吵架的時候，又怕他會去打小報告，很討厭。但他其實不是這種人……」

「除了弟弟以外，還有其他兄弟姊妹嗎？」

「嗯，還有一個念小二的弟弟。媽媽後來再婚，小二的那個弟弟是跟繼父生的。」

小雅現在住在岩手縣，兩年半前卻是在仙台市遭遇震災，關於這件事，跟她母親的再婚應該有些關聯。但是，我決定等她自己來開啟這個話題。

「除了年齡相近的這個弟弟，知道小雅在做什麼工作的，只有同樣打這份工的專科朋友，跟一起入店的中學朋友嗎？」

「能夠講這件事的，把這兩個人算進來，總共有三個人。另一個是高中同班的朋友。其實，跟這個高中的朋友是最無話不談的，我告訴她開始做這份工作的時候，本來以為她會嚇一跳，然後阻止我，結果她卻說：『既然是你自己決定的，那也沒什麼不好……』」

「對了，那個跟你一起進去風俗業的中學朋友，現在在做什麼？」

註　体驗入店，是女孩子應徵進陪酒酒吧的流程之一。通常的流程是先面試，面試之後女孩子可以先選一天到店裡去「體驗」上班，實際感受一下這家店的氣氛、客層，以及一起工作的女孩子，考慮是否能適應。體驗是能領工資的。

「她交了男朋友，很努力在談戀愛，現在已經沒來店裡了。其實我也是，之前有個新交往的對象，也曾經有兩個星期左右沒辦法到店裡排班。」

跟這位第二任的交往對象，好像兩星期就分了。不過，她談到分手的契機，卻相當耐人尋味。

「在我的認定中，自從做了這份工作以後，與其說沒辦法跟不是真正喜歡的人發展到最後一步，更像是不想這麼輕易地做這件事。然後呢，與那個男朋友之間並沒有做愛，只差最後一步。我心想這個人該不會『只喜歡我的身體』吧？他要求進來的時候，我拒絕了他，然後我們就分手了。」

以男生的角度來看，能否越過「最後那條線」的衡量標準，與她所講的比起來，並沒有那麼決定性的差異。既然如此珍惜身體，為何又選擇了用身體來工作的風俗業？認真探究起來，的確會覺得很矛盾。然而，以小雅的角度來看，有沒有做風俗用語中所謂的「本番」，可謂天差地別。

說真的，我長年採訪風俗女子下來，也不是不能理解，為何她會如此執著於有沒有做「本番」這件事。

我直接說結論吧，如果不拉出這樣的一條線，她會開始輕蔑從事風俗業的自己。到這邊是工作的範圍，從那邊開始是個人的領域。不會讓在工作上遇到的對象踏進個人的領域，自己也能夠把跟客人之間的行為歸類在「不過就是工作而已」的範圍，用這種方式來防止自己內心的崩壞。

對小雅來說，把有沒有做「本番」當成這條防禦的線，在不知不覺中，個人的領域也變成禁止侵犯的「聖域」，即使對象不是客人，而是男朋友，在被索求的時候，也變得疑神疑鬼了起來。

話是這麼說，身為一個剛見面不久的採訪者，用這種方式跟她解釋也是白費力氣。我換個問題繼續下去。

「客人裡面，也有人會要求跟你來真的吧，你是怎麼拒絕對方的呢？」

好像慢慢習慣了採訪，小雅看著我的眼睛立刻回答。

「我到目前為止不是只跟一個人做過嗎？我會跟對方說『還沒有經驗』或者『想珍惜第一次』來拒絕。死纏爛打的人也是有，但只要好好說，也不至於會被霸王硬上弓……」

「做著做著，對風俗業這份工作的印象有沒有什麼改變呢？」

「剛開始對這份工作有很不好的印象，最近有點改觀了。開始覺得，只要是人，不管是誰都會有這方面的情感。」

問她現在這份工作打算做多久，她回答：

「我在考慮要做到畢業。我現在的學校是三年制，會讀到後年三月。接下來打算去考國考，取得看護的執照。」

接著我想將話題轉向她自己的受災經驗。

「剛才你好像說震災的時候人在仙台市，是哪一帶呢？」

「若林區的荒濱。」

說到荒濱，那是有約一百九十名罹難者的沿岸小鎮。我也曾好幾次前往現場，那裡與罹難者眾多的名取市一樣，地形是綿延的平地，鄰近海岸線的整片廣闊住宅區都有如被連根拔起，只剩下地基。

「家人都在一起嗎？」

「沒有，那時跟第一個爸爸一起住，念那邊的高中。」

「什麼時候開始的呢？」

「國三畢業典禮的前兩個月。如果要考仙台的高中，就得在那邊的國中畢業。所以我從岩手轉學過去。」

小雅為何會與父親一起住？要說明這部分，必然會觸及到她雙親的離婚問題。正因為這話題如此敏感，我本擔心她不願意說，她卻意外直爽地告訴了我。

「爸媽是在我小學四年級的時候離婚的。會離是因為錢的問題。爸爸把媽媽的存款用掉了，還欠了一堆債……都是賭債，因為他沉迷小鋼珠。那時爸爸在開大卡車，媽媽在電器製造商的工廠工作。」

離婚後，父親搬到了仙台。

「媽媽在我小五的時候再婚，聽說她跟新爸爸國小、國中都是同學，在祭典的時候重逢。新爸爸是做土木的，背上有刺青，讓我覺得很可怕……然後，頭髮染成金色，看起來好像流氓。恐怖的外表讓我有點受不了。」

小雅講了比我想像中更深入的事，於是我也就不客氣地追問：

「新爸爸會對家人動粗嗎？」

「喝了酒之後，偶爾會對媽媽動手動腳。他一這樣弟弟就會發怒，可是我覺得如果跟他起衝突很危險，就會阻止弟弟。我們是沒有挨揍啦。」

我問她，為什麼高中要到父親所在的地方就讀呢？

「有時候，大概一年一次吧，會去跟爸爸見面，爸爸說希望我來仙台念高中。

再來是我跟新爸爸不太親，這也是我決定去仙台的原因之一。」

「小你兩歲的那個弟弟怎麼沒有一起？」

「弟弟跟我考慮的點不一樣，他說『想要保護媽媽』，便留在岩手。」

小雅進了仙台的一所縣立高中的普通科。

「這學校還算難進，但我考上了。只是入學以後，根本完全沒辦法好好念書。加入了中學就持續在玩的運動社團，光是社團加上超商的打工，就花掉所有時間了。」

「說到你爸爸，之前他賭到差點離婚，現在還在賭嗎？」

「爸爸只要有了錢，還是會跑去打小鋼珠。學費有幫我付，但其他的開銷幾乎都是自己打工賺來的。」

「吃飯錢也是嗎？」

「喔，吃飯都在宿舍，沒問題。」

「宿舍？學校的宿舍嗎？」

「不是，是爸爸公司的宿舍。爸爸後來在營造公司工作，我們一起住公司宿舍。宿舍有食堂，大嬸會準備早餐跟晚餐。所以說吃飯都不用擔心，打工賺到的都是自己的零用錢。」

這個附有大食堂、公用浴廁的宿舍，聽說就在荒濱港附近。

「地震發生在高二的第三學期。那天我剛好因為腸胃炎沒去參加社團活動，在宿舍休息。在房間睡著睡著，覺得：『咦？怎麼好像在搖？』衣櫥什麼的好像快倒下來了……但是因為身體很不舒服，覺得好像動不了，就沒有爬起來，躲在棉被裡面。以為搖一下就會停了，沒想到沒有，鞋櫃倒了下來。然後，終於好像搖得差不多的時候，這次換海嘯警報開始響。想說反正之前也響了好多次，這次應該也不會來吧。」

確實，兩天前的三月九日早上，東北地方太平洋沿岸也發布了海嘯警報，三個小時後全面解除。

「然後，宿舍的大嬸在門外咚咚咚地敲門，喊著：『小雅，要避難了喔！』當時，包括爸爸在內，男人都外出工作了，宿舍裡面只有我跟大嬸，還有大嬸的一個孫子。我穿著睡衣，身體又不舒服，就回她說：『沒關係，不用了。』然後她就生氣了……」

雖然知道現在之所以能在我面前侃侃而談這件事，表示當時平安脫困，我還是不自覺地關心後續發展。

「她幹麼要生氣?」

「『好了你別囉嗦,先逃命再說啦!』她對我這樣說,來勢洶洶的,臉上表情又驚又恐……然後我也沒換衣服,就這樣出門。那時身上穿的是運動上衣跟休閒褲,好像連鞋子都沒穿。外面什麼都沒披,只帶著手機。」

宿舍大嬸與她孫子,再加上小雅共三人,乘著大嬸駕駛的車,朝著內陸方向疾駛。

「本來是想先跟大嬸的老公會合的,但一直聯絡不上,後來去到一片像菜園的地方。從那邊往海的方向回望,就看到海嘯。因為可以看得很清楚,我們覺得應該要再找更安全的場所,便又開始移動。」

「海嘯看起來怎麼樣?」

「雖然離了有一段距離,感覺海浪一直往這邊衝過來。聽到大嬸大聲說:『這邊不行!』就又開了二十分鐘的距離,到若林區一家量販店的停車場。那邊已經看不到海了。」

幸運的是,逃難路上並沒有遇到交通打結等情形。

「打開車上導航系統的電視，看到那時候海嘯已經沖到名取等地，真是很難以置信……入夜以後，不是還說在荒濱找到兩百具遺體嗎？當時太陽正要下山，不僅還沒跟爸爸會合，連聯絡都聯絡不上，他們公司的人都在名取工作，讓人很擔心。」

她跟父親取得聯絡，是在傍晚六點左右。

「把我們的所在地告訴了他，七點左右終於會合了。爸爸在要上名取橋的地方遇到塞車，還折回南側一次，在一起的還有大嬸的老公跟其他人，趕來我們所在的地方。」

雪終於下下來了。

「雖然很冷，身上還是原本穿出來的那幾件衣服。想要去買點吃的，到處都沒東西可以買，只在超商買到爆米花，就吃了這個而已。深夜我們再移動到附近的國中，那邊已經聚集了好多人。進不了體育館，那天晚上就在爸爸開來的公務車上度過。車是廂型車，工具什麼的都堆在車裡。車內也有爸爸其他同事，加上我總共擠了四個人。」

宿舍所在的區域已經被海嘯吞沒，所以也沒有回那邊去的選項。

「第二天，我們聽說國小也成立了避難所，趕過去之後看到他們正在派發食物，於是我領到了飯糰。飯糰每人可以領一個。在那之後，國中體育館有了空位，我們在那邊度過兩個晚上。在那邊領到了紙箱跟毛毯，在紙箱上先鋪一條毛毯，另外一條則用來蓋，就這樣睡。」

這段期間，她都跟父親及其同事一起行動。三十歲到四十歲的五名男性中，她是唯一的女高中生。

「明明在我們附近避難的人都能跟媽媽在一起，我身邊卻只有中年大叔，真的很難熬。跟爸爸獨處的時候，我哭著對他抱怨：『為何我就非得遭遇這種事？』」

即使在地震隔天就跟媽媽取得聯繫，報過平安，小雅的避難生活仍在持續中。

「離開國中的避難所之後，因為宿舍大嬸有個認識的人在經營溫泉旅館，對方收留我們住了兩天。只是溫泉旅館那裡沒辦法提供熱湯，我們沒有洗澡。震災之後至少有一個星期沒有洗了。那感覺真是癢到受不了。」

聽說在溫泉旅館之後，他們又移動到充作避難所的區體育館。

「在那邊待了將近兩個月。人超多，大家都擠在一起。但是，大家互相照應，跟很多人接觸下來，可能這麼說有點輕率——我感受到了人與人之間的牽絆。跟不認識的人同吃一鍋飯，因為沒有讀書的空間，跟不認識的高中生一起就地讀起書來。大家輪流使用附設的淋浴間，廁所因為很少，總是搶得很兇。」

「這種避難生活對小雅來說，是怎樣的一種體驗呢？」

「明明大家都互不相識，但因為彼此都過得很苦，所以能互相支持，類似這樣的感覺……覺得人是可以互相幫助的。宿舍大嬸也在那邊，大家都到齊了。」

據說恢復上學是在四月後半。在這個避難所，她透過朋友得知了悲傷的消息。

「在社團擔任過隊長的學長過世了。同學跟朋友們跑來我們這個避難所好幾次，我才知道他下落不明。大家到處去每個避難所找，我也幫忙去找過，大約是震災後一個月，聽說他的遺體被找到了。我哭了好幾次，聽到這個消息的時候哭得最慘。」

她好像也意識到了，周圍的人幾乎都懷抱著諸如親人往生這樣的悲愴。

「同學裡面失去家人的好像還不少，社團的學弟妹也有人雙親都不在了。自己能為他們做什麼呢？曾對他們說：『如果有需要幫忙就說一聲哦。』但他們所經歷的創痛想必比我想像的還要更深，自己好像碰觸不到更深入的地方。」

事情已經過了兩年半，像這樣去回想，還是會喚醒當時的心境嗎？她的聲音變得有點消沉。

「震災後有回去看過宿舍所在的荒濱嗎？」

「有啊。完全改變得讓我不曉得該怎麼說。附近有間經常去光顧的超商，聽到混得很熟的阿姨過世了的時候，啊——真的完全講不出話來………該說震驚嗎？更像是接近無限的悲傷。」

彷彿在尋找合適的語言，她無語地停頓了一段時間。

進入五月，父親與小雅離開避難所，住進臨時住宅。終於有了親子共處的時間，但小雅心中暗自做了一個決定。

「跟爸爸一起生活，還是經常會為了錢的事情吵架。漸漸覺得不想跟他住在一起。從高二開始一直在想，然後震災就發生了。我跟爸爸說，高中畢業之後會回到媽媽身邊。」

為此，她選了岩手縣而不是宮城縣的專科學校。不過，就讀科系的選擇，則受到震災經驗很大的影響。她娓娓道來：

「明確地決定以護理師為目標，是經驗了震災之後的事。之前我的目標都是美容師之類的，雖然媽媽曾建議我選擇護理師為職業，不過覺得不適合自己，沒有積極考慮。在震災中，受到很多人的幫助，真切感受到生命的重量……不管什麼工作都會對人帶來助益，但我自問什麼是最能助人的工作，內心的答案就是護理師。於是就這麼決定了。」

剛說進高中之後幾乎沒好好念書的她，高三這年的四月底，學校恢復上課之後，似乎全力朝著目標邁進。

「以自己的標準來說算是很努力了，從高三暑假開始特別拚命。放學之後跟抱持同樣目標的同學一起讀書，休假日也去圖書館。這樣下去成績也變好了。」

努力的成果是，考上了岩手縣的護理專科學校，此刻正迎接升上二年級的冬天。當然，在剛錄取的時間點，像這樣做著外送風俗工作，還因此在這邊接受我的採訪，這種事無疑完全超越她的想像。於是，我最後要拋出一個有點壞心眼的問題。

「遭遇震災，跟你現在在做的外送風俗工作，彼此有沒有什麼脈絡可循呢？」

「嗯……我覺得應該是沒有喔。」

這麼回答我的小雅，早已沒有剛開始採訪時的緊繃。

我讓採訪在此告一段落，再次重申這會是寫出店名跟花名的正式採訪，希望可以拍攝照片，就在這時……「啊！這麼說起來……」小雅好像突然想到了什麼，

「怎麼了怎麼了？」我也脫口而出。

「剛剛雖然說跟震災之間沒有關連，其實我呢，自從經驗了那場震災，開始覺得『人生只有一次』。這個，說不定跟我會來做這份工作有一些關係。」

她彷彿像是在課堂上答出了正確答案的孩子，用有點得意的表情笑著。啊，我重新發現到，這孩子的虎牙還滿有魅力的嘛。

第九章

核災後的福島風俗店

原発事故後、福島の風俗店は……

幸好，雪沒有下下來。

二〇一四年一月，從東京沿著東北高速公路北上的我，在下郡山交流道之前打了方向燈。

二〇一一年三月十二日清早，為了採訪震災現場，我也曾進入南相馬市；但在那之後，在福島縣所進行的採訪卻是極端地少。

十二日下午三點三十六分左右，福島第一核電廠一號機發生氫爆時，我已經開始北上，正通過宮城縣名取市。十四日早上十一點一分左右的三號機發生氫爆時，我正從岩手縣的內陸地帶前往釜石市的鵜住居町。

那陣子我奔波於宮城縣的沿岸地帶，收集各地的災害情況，相對地沒什麼機會去福島做採訪。而且專門採訪核災的記者也抵達該地，便沒有我出場的機會了。

唯一跟福島扯上關係的採訪，只有在同年五月到磐城市小名濱某個泡泡浴街區，以及同年十二月到南相馬市參加最後一個避難所的閉所儀式而已。

雖說泡泡浴街區的採訪跟這本書想要探討的問題也有關聯，但那時單純只想描寫街區在災後的變遷，並沒有採訪在那邊工作的泡泡浴女孩。最後發現到，雖然零星已經有幾家店重新開始營業，但因為供水設施在震災中遭到毀損，能夠正常營業的只有另外加裝鍋爐設備的店家。

好不容易整個泡泡浴街區有十家左右的店重新營業，從事除卻輻射汙染以及核災救災工程的作業員們也忙得不可開交，我卻找不到願意刊登泡泡浴街區報導的媒體。因此我無法進行「檯面上」的正式採訪，只能說無緣了。

即將來到震災三週年，我的目的地是位於郡山市的一家經營外送風俗的事務所。

因為有週刊願意刊登這系列報導，所以這算是正式採訪。我靠著車內導航找到指定地點，那裡是住宅區的獨棟住宅。

我猜測這房子大概同時當作事務所以及女孩子的待命場所吧，因為按了門鈴之後，出來應門的是位年輕女孩。我告知名字及約定事項，她馬上就幫我通知老闆。

從玄關現身的老闆名叫赤松，目測年齡大約三十歲後半。給人一種青年創業家的感覺，西裝看起來跟他很搭，是個帥哥。我環顧事務所一圈，便開口：

「震災之後，這家店是在什麼時候開始重新營業的呢？」

「事務所本身在三月底左右就開始重新運作了，不過因為電話當時幾乎打不通，客人打了好幾次電話終於好運接通的時候，我們就提供服務。那時候情形大概是這樣。」

他請我坐著慢慢談，我們便在沙發上各自找了位置坐下。

「都連絡得上女孩子們嗎？」

「姑且都連絡上了。三月十一日當天跑來店裡的女孩子還滿多的。一個人在家果然嚇得待不住吧。只是啊，也是有女孩子家裡被沖走了，她們之後搬到外縣市，就沒辦法再來上班了。還有一些女孩子則是住在核災的禁止進入區域內，東電（東京電力公司）不是塞了一大筆錢給這種情況的家庭嗎？那當然她們有些會選擇搬離這個地方。」

自己一個人住的女孩子，沒有例外地都跑來事務所，跟工作人員一起過著共同生活。

「這段共同生活大概過了有兩個星期吧。道路都不通，也無法取得汽油，住比較遠的女孩子即使想回去也沒辦法。郡山市內瓦斯跟自來水都停了，不過電力倒是沒問題。於是我們大家分工，有人去超級市場排隊，也有人透過朋友介紹前往山形，四個人開一輛車，把食材、鮮奶跟嬰兒尿布塞滿車子載回來。」

赤松先生那有點懷念的口吻，讓人聽起來就像在追憶一段快樂的社團集訓生活。

「跟其他地方不太一樣，我們的女孩子跟工作人員都處得不錯，同伴意識很強。」

據他表示，風俗店所屬區域的電信重新接通，是四月之後的事了。

「然後大約從四月中旬開始，打來事務所的電話響個不停。從此刻起一直到中元節，是一種來客絡繹不絕，女孩子都不夠的狀況。大部分來客都是從外縣市趕來參與重建工程的人。郡山的放射量比起磐城要來得高，所以其中好多客人都是跟去輻射汙染相關的作業人員。這些客人一直到現在都還會來消費。」

實際上，那個時期儘管客人來得多，卻也有新的難題要面對。

「震災發生後這一年，幾乎沒什麼女孩子想來做這份工作。再加上剛剛也提到的，搬去外縣市的女孩子也不少。所以我們事務所的女孩子一點一點地變少。這現象甚至讓有些經營很久的店都因為缺女孩子而倒閉了呢。也有完全相反的情況，有些像是東京、仙台這些外縣市的業者，算準這裡會有需求，就來這邊展店，女孩子都是從該地直接帶過來的，現在也還有幾家這種店。」

聽赤松先生說，重新開始把女孩子集合起來，是震災發生大約一年半左右的事。

「特別是有小孩的女孩子變多了。縣內雖然有重建工程相關的就業機會，但除此之外百廢待興，非常不景氣。也有嫁給農家的女孩子，因為輻射的謠言傳得滿天飛（註），讓他們生計也維持得很辛苦。另外，因為老公被減薪之類的理由而來從事這行的女孩子也不算少。」

諷刺的是，聽說女孩子們開始聚集到風俗業之後，這次換客人成反比般地減少了。

「嗯，我們因為有很多熟客關照所以還算過得去，不過受到核災的影響，很多居民都離開了，這樣的重傷害就有如一記重拳打在要害上般地痛呢。」

講到這邊，赤松先生起身走到隔壁房間，要工作人員把準備受訪的女孩子帶過來。

聽說這次要採訪的，是一位人妻。我也站起身來，等著迎接她。

跟在敲門聲之後，門被打開了。穿著深藍色套裝的女性走了進來。栗色的捲髮帶有奢華的氣味。如果穿著的不是套裝而是洋裝，就算介紹說是在陪酒酒店工作也不會讓人懷疑。

「這位是小咲，裡面有間談話室，請在那邊進行採訪。」

「好的，我知道了。外面天還亮著，我想先到外面拍些照片，再回來做採訪。」

對赤松先生這麼說了之後，他便帶著我們兩個離開房間。

瓦礫層疊散落，道路上到處都殘留著震災肆虐的痕跡，我對用手掌遮住雙眼部位的她按下快門。透過觀景窗，我看到小咲包裹在黑色絲襪裡的細長雙腿，從長度到膝蓋以上的裙子裡伸展出來，踩在黑色的細跟高跟鞋上。整體所形成的剪影如此迷人，散發出一種與「人妻」這個詞彙所連結的刻板印象有若干出入的意象。

「小咲是從什麼時候開始從事這份工作的呢？」

註

風評被害，原意指因為沒有根據的謠言所蒙受的損失。東日本大震災以及福島核一廠事故發生後，許多消費者在新聞媒體的報導下，開始擔心來自東北災區的農產品受到輻射汙染，而選擇不消費。然而農作物是否受到輻射汙染，或者汙染程度多低才算是安全，並沒有標準。

「大約是一年前左右，去年（二〇一三）的三月開始的。」

「是第一次做風俗業嗎？」

「不是，年輕的時候在仙台做過外送，做了一年左右，大約二十四歲的時候。」

一問之下，店裡面的介紹是寫三十歲，但實際年齡是三十四。簡單地在戶外拍完了照片，兩個人又回到事務所，進到一個用隔板隔出來的獨立空間。

「是出於什麼原因才重新回到風俗業呢？」

「嗯，老實跟你說，這次是為了錢。並不是我有欠債什麼的，生活費還有養小孩都得花上很多錢。」

「小朋友幾歲了呢？」

「有兩個，三歲跟六歲，都是男生。但是有小孩這件事我對客人是保密的。雖說見幾次面，感情變比較好之後我會說，不過剛開始我還是會保留這件事。但也有人聽我說『有小孩』反而被我吸引啦。」

在大眼睛周圍的睫毛刷上了睫毛膏，一臉濃妝的她面向著我說。她到這邊上班是在震災兩年後。

「重新出來工作就是在風俗業，這是否跟之前發生的震災有關呢？」

「呃——嗯，我覺得其實沒什麼關係呢。但是地震那陣子，家人之間的牽絆變深了。」

「地震發生那陣子你人在哪裡呢？」

「在郡山，那時正跟兩個孩子在外面用餐。孩子都還那麼小，我們無法輕易行動……人在拉麵店裡面，其他人很快地就逃往屋外去了，只有我們被留在店裡面……等到搖晃稍微穩定下來，我們才去到外面，準備招計程車回家。但那時連計程車都招不到，最後是拉麵店的人開車送我們回家的。」

「然後就在家裡避難嗎？」

「沒有，因為電話都打不通，餘震也都好大，在晃動平息之前我們都待在屋外。」

我問小咲有關她先生的事。

「我老公在房仲業上班，他馬上就趕回來，帶我們一起去附近被充作避難所的鎮上體育館，在那邊過了一個晚上。」

「在這個時間點，還沒有想要去風俗業工作的念頭吧？」

對這個問題，她點點頭作為回答。

「那麼大約一年前，是出於什麼想法，才重新回風俗業上班呢？」

「總之很多事情都比較穩定下來了。其實，之前就想要跟先生離婚了，因為覺得彼此個性不合……雖說地震之後大家團結在一起，一旦生活回歸日常，這種感覺馬上就遺忘了。因為現實就近在眼前。因為想要離婚，總是得存點錢，就來工作了。」

這麼說來，比起她一開始告訴我的「生活費還有養小孩都得花上很多錢」，這才是重點吧。我附和地這麼說：

「郡山的輻射量這麼高，在這邊養小孩不會覺得有點不安嗎？」

「會啊。覺得有點不安，也想過是不是搬到外縣市比較好。震災發生之後立刻就有這種想法，覺得待在這裡太危險了……」

「但最後卻沒有行動，是為什麼呢？」

「嗯……」

小咲雙臂交疊，眼神看向地板。然後，她抬起頭：

「說真的，很花錢。想走也走不了。」

「郡山這邊，東電不是會給一筆錢嗎？」

「啊，錢已經領了。大概是震災半年後吧，總共八十萬上下，包括小孩跟我的部分。還有啊，那時候我肚子裡有孩子，因為核電廠的事，把小孩拿掉了。」

「咦？」

我忍不住驚訝。

「地震剛發生不久，這份不安當然有部分是來自核災，另外一部分……因為這孩子是不小心有的。」

「之前就知道懷孕了吧？」

「地震之前就知道了。是在三、四個月的時候拿掉的。」

這件事跟她想與丈夫離異的心情是否相關？我直接切入，詢問她考慮離婚的原因。

「該怎麼說好呢？嗯……總覺得在一起已經沒有互相激盪的感覺，也沒辦法再尊敬對方。這種想法好像有點自私就是了。」

「丈夫幾歲呢？」

「他比我大三歲。」

「剛才你有說，震災發生之後，家人之間的牽絆變得比較深吧？」

「啊啊……是這樣子沒錯啦。因為那時候任何事都讓人感到很不安嘛，會覺得有人陪在身邊很好啊。但另一方面也會想，真不該嫁到福島這邊來。」

說了這句話之後，小咲露出一抹苦笑。我繼續問：

「你說『真不該嫁到福島這邊來』這句話，是針對核災嗎？」

「是啊。我覺得最近對輻射的不安比起以前已經比較淡了。只是心底某處總會覺得『我們大人怎麼樣都沒關係，小孩實在太可憐了』。然後另外就是，看到福島縣產的食材跟外縣市的放在一起賣，會選擇買後者來吃。」

談到這邊，為了稍加整理她與丈夫的話題，我請她告訴我兩個人是怎麼相遇的。

「跟先生是在仙台相遇認識的，那時我在陪酒酒店上班。我雖然是秋田人，不過也待過好多地方。十八歲離開秋田時先去了東京，白天在服飾相關的公司擔任店員，晚上在六本木的陪酒酒店上班。」

我「嗯，嗯」地點著頭。

「然後，二十二歲在大阪交了男朋友，就搬到大阪去了。那個男朋友開了一家西服店，我在那邊工作。但是我們的關係只持續了半年就結束，我又回到東京，然後在六本木的陪酒酒店上班上了一年，就又到仙台去。」

「那是幾歲的事呢？」

「二十四歲。有個感情還不錯的朋友問我：『要不要一起住？』於是就一起分租了一間房子。在仙台也是做陪酒，但那時我迷上了叫牛郎，欠了很多錢，最後就只好開始做風俗業了。欠了大約一百萬元，我花了一年總算還清。就在這段期間我開始跟現在的先生交往。」

「你丈夫應該不曉得你在做風俗吧？」

「不知道不知道。然後，他在我二十六歲時跟我求婚，我們就來到福島。」

「一邊做陪酒，還同時要做風俗，不會很辛苦嗎？」

「真——的！那時真的好辛苦。畢竟就要結婚了，為了不被先生知道，真費了我好大一番工夫。」

我在這邊插入一個疑問：

「從你的經驗聽起來，好像是在說，如果缺錢的話，去做外送就好了吧？」

「沒錯，還是會這樣想。風俗業的工作時間是自己可以決定的，以一個女性自己賺取生計這個角度來看，算是相當有效率喔。現在我的出勤時間是晚上九點到凌晨一點。」

「這個時間帶外出，家人不會問你出去做什麼嗎？」

「我先生知道。」

「咦？」

我又忍不住提高了音量，小咲直直地迎向我的目光，繼續說：

「剛才不是說我想要跟他分了嗎？所以就覺得無所謂了，跟他坦白說我想要去風俗業上班。只是，話雖然這麼說，如果他那時說『不准去』的話，我是打算那就不要去的。但他並沒有阻止我，哈哈哈……」

她開朗地笑出聲來，彷彿只能透過這種笑法才能使一切雲淡風輕。

「那時你丈夫跟你怎麼說呢？」

「喔我想想，好像是說什麼『我是不贊成啦，但在那種行業賺得應該會比較多沒錯，比起男人的我，晚上再去兼差所賺的錢還更多。說不定這麼做比較好喔』之類的……」

「那你怎麼想呢？」

「簡直太傻眼了。很想說：『那你去給我多賺一點啊！』」

「他這樣，你一定更想離了吧。」

「是這樣沒錯啦……」

小咲迴避了我的眼神，低聲說著。

「開始在風俗業上班之後，你丈夫曾經問過你工作的內容嗎？」

「啊，這倒是沒有，什麼都沒過問。」

「小孩誰來照顧呢？」

「我出勤的時間由先生來照顧。」

突然，腦袋飛過一個想法，我把它化成疑問說出來。

「與丈夫之間是否已經沒有性生活了呢？」

然後她「呼——」地吐了一口氣，露出微苦的笑。

「嗯，還是有啊。直到現在也還定期有做，一個月大約兩、三次吧。跟之前並沒什麼不同。」

想到剛才赤松先生提過的，震災一年半之後那些來上班的女孩子的求職理由，我問道：

「你丈夫是否有類似被減薪這樣的情況呢？」

「啊，有呢，這麼說起來，震災之後被砍薪水了。」

「公司的理由是？」

「果然還是因為不景氣吧。一個月被砍了五萬元左右。」

「剛才說東電付了八十萬元，是只有給一次嗎？」

「不是的。第一次之後好像半年吧，東電有發第二次錢，不過金額還不到十萬元，我記得應該是八萬元吧。第一次能領那麼多應該是因為懷孕的關係吧……」

「剛剛談到進風俗業的原因時，你曾經提到『生活費』吧，那是因為跟什麼地方借了錢嗎？」

「啊，這個嘛，嗯。那時也想過要不要去借錢，但是因為以前欠債的時候發生過一些事，之後對於借錢一直有點抗拒。」

以前是否因為被逼著還債而發生過一些不願憶起的事呢？小咲說得含糊不清。於是我試圖換個話題。

「久違地在風俗業復出，覺得如何呢？」

「一開始還是覺得很不情願，畢竟是因為錢才來做這個的，得一直告訴自己：『不努力賺就沒飯吃。』做了三個多月，才開始會去想：『客人不知道有沒有舒服到？』到這個時候，我才開始對這份工作樂在其中。我來店裡上班的時候，會希望讓自己看起來比較成熟、有點妖豔的感覺。這樣一來，工作的我與私底下的我就能區分開來……」

她細心的妝髮打扮與傳達出「成熟女性感」的套裝穿著，營造出一種與平常不同的外在，像是在宣告：「風俗不過就是份工作」。對於她守護自我的行為，我深深認同。接下來，我將把話題帶向她的工作現場。

「來這裡消費的客人，有很多是從事重建工程的吧？」

「嗯，很多都是喔。」

「所謂重建工程，具體來說有哪些不同業務的工作人員呢？」

「比較核心的是那些在去除輻射汙染的現場作業的人。以地區來說的話，關西那邊的人最多。」

「這些人跟其他客人比起來，有什麼不同的特徵嗎？」

「嗯……他們還滿愛擺闊的。」

「給很多小費之類的嗎？」

「有時候。應該是說，他們很多人都指定一百二十分鐘的長時間鐘點。」

「他們在床上會談一些關於去除輻射之類的話題嗎？」

「常常聽到他們說『汙染得太嚴重，很痛苦』之類的，就覺得好像真的有點慘。」

因為進行去除輻射的作業來到郡山，到她上班的店消費，這些客人的年齡層很廣，從二十歲後半到五十歲的似乎都有。

「我來這邊上班大約是一年前，這段期間平均每個月都有五個從事去除輻射汙染工作的客人，也有人成為了常客。這些人有些住在週租式的公寓，我們有時會被叫去他們住的地方出勤，有時則在賓館。」

「應該有各種不同的客人吧，其中有沒有海嘯的受災戶呢？」

「嗯，有這樣的客人喔。一位從宮城來的客人，自己的家跟附近的街道都被沖走了，給他很大的打擊。那個人說：『像這樣到福島來散散心，叫個外送服務，讓自己喘口氣。』」

「大約是幾歲人呢？」

「五十歲左右。好像是氣仙沼的人，說因為在福島有朋友，偶爾會來玩。然後其他也有像是家人都倖存，但附近的大嬸卻往生了……之類的遭遇。」

「服務這些有受災經驗的客人時，你都是如何跟他們聊的呢？」

「一開始就問他們從哪裡來的，然後比如對方說：『氣仙沼』，我就回他：『哎呀，氣仙沼不是超慘的嗎？』然後對方自然就會開始對我傾訴了。」

小咲有時候會一邊用手指去勾捲她的長髮，一邊以淡然的語氣回答我的問題。

「聽了他們的故事，有什麼感覺？」

「我也會回想起當時的事，一想到他們的艱苦，會有點想哭。因為一回想，許多東西就會一湧而出。接下來會變得怎麼樣呢？一連好幾天都會懷抱著這樣的不安，有時也覺得有點恐怖。」

「有在核電廠裡工作的客人嗎？」

「只有一位。最初是因為想在福島的核電廠工作，從別的地方搬過來的。二十歲後半，那時在福島第一核電廠廠區內工作。他說裡面還是一團混亂，還要花很多時間復原。」

是時候為了「檯面上」的報導，進行內衣攝影了。為了結束話題，我問她：

「現在這份工作你有打算做到什麼時候嗎？」

「我並不想做太久，只要存到能解決生活問題的錢，就不做了。小孩的教育費，還有離婚後的生活費這些。」

「如果離得成婚，會離開福島嗎？」

「應該會一走了之。剛剛說自己後悔嫁到福島來，這種感覺始終難以消散。因為想要保護小孩子，再說離婚以後也沒有繼續留在福島的理由了。」

對於居住在福島，將福島視為故鄉的人來說，她的發言聽起來應該很刺耳吧。然而，現實上就是有像她抱持著這種想法在過活的人，這是無法否認的。

我闔上採訪筆記，關掉錄音筆。

「我了解了。那麼，現在來攝影吧，請換上內衣。」

「好唷。」

我開始進行拍攝的準備，小咲站起身來，雙手開始解開套裝正面的鈕扣。

第十章

「真不想被遺忘啊」

「忘れてほしくないんだよね」

結束了郡山的採訪，經由仙台前往石卷，在松島海岸交流道下高速公路，繼而沿著海岸線北上。這條路線我也走過無數次了。

震災後兩年十個月，有些場所完全恢復原狀，也有些地方被海嘯剝了個大平頭之後，土地上除了茂密的雜草以外什麼也沒有。再來，將眼光轉向沿岸地帶，正進行著護岸工程，道路附近的住宅區有許多建築物仍在施工中。

重建之路還很漫長，不過放眼望去，是一片慢慢地朝前方邁進的景色。

今天接下來會到石卷市，拍攝要搭配週刊報導的照片，預計工作結束之後直接住在那裡。說是拍攝，也只是在戶外拍一些意象照片而已，沒有進行採訪的計畫。

在約定好的大賣場停車場裡，看到對方的車已經先抵達了。我下了車走過去，出聲詢問。

「久疏問候。雖然這麼說，跟上次見面採訪其實只隔了兩個月啦……」

「啊，您好。對啊，的確並沒有隔了很久的感覺。」雪子說著露出了笑容。

我在報導中使用了她去年十一月的採訪內容，企畫中同時也讓郡山的小咲一起登場，因此需要重新拍攝一些戶外的照片。

「那麼，就開我的車去吧。」
她把車留在停車場，鑽進我的副駕駛座，我們開始往目的地移動。
「不曉得哪邊還有看得到震災痕跡的景呢？」
我這樣一問，雪子便用手掌抵著下巴思考著，然後回答。
「門脇國小那一帶，應該還有些地方保持著震災後的樣子吧。」
先後遭受海嘯與大火的肆虐，上次來的時候，門脇國小的校舍外面蓋滿了鷹架，記憶中整個都包覆在建築用的防塵網裡。周邊原本是住宅的地方，幾乎都只剩下了地基，變成一片荒地，上面長滿了芒草。
「好的，就去那邊拍吧。」
因為太陽也開始緩緩向西傾斜了，我立刻決定前往門脇地區。
「還有再去店裡出勤嗎？」
「有啊，不過不會太勉強自己。」
跟上次採訪穿著相同的服裝，酒紅色的夾克搭配黑色裙裝，雪子面向前方回答。
「在雪子看來，小鎮的重建有進展嗎？」

才沒有才沒有，她在胸前揮動的手掌彷彿這麼說。

「市中心算是已經整理得差不多了，稍微外圍一點的地方則還差得遠。很多地方一看就知道，根本還沒有開始著手整理。」

確實，仍處於荒野狀態的土地到處都是。雪子繼續說。

「也是啦，畢竟受災那麼嚴重嘛，不是這麼簡單就能恢復原狀的，不是嗎？」

車子駛進門脇地區。上次來看到的綠色雜草，全部都變成茶色了。換個角度說，變化就這麼一丁點。國小校舍依舊包覆在防塵網裡。

「就在這邊拍吧。」

原本是房子的地基，現在全部裸露在外，我們選定了攝影地點，把車停好。枯黃的雜草生長得很茂盛，這一帶還散落著許多沒整理過的瓦礫碎石。

頂著落日餘暉，讓雪子用單手遮住眼睛部分，開始拍攝。風時不時從海的方向吹來，搖曳著她的長髮。

襯著沒有半點人影的枯朽背景，一個人凜然站立。「真是太帥氣了！」透過觀景窗看到這樣的她，我忍不住小聲地讚嘆。

當然啦，令我醉心的這一幕，有可能是因為那對比太過於強烈所致。不管怎麼說，在一片荒涼的野地上，她穿著的酒紅色夾克，是一片無色中唯一的色彩。讓人覺得在一切都被災難奪走的風景中，這是唯一的希望所在。

但不只是這樣。正因為她面對了許多艱難的現實，一直走到現在，所以一個人挺立的姿態才會讓人覺得那麼颯爽、那麼強韌吧。

我憋住氣，一連按了好幾次快門。

*

入夜，我到石卷市一家經常光顧的串燒店露臉。

「喔！好久不見了吶。」

之前曾有一面之緣的中村先生對我揚起手。兩年前的二〇一二年一月，在這家店用餐時認識以來就沒再見過面。那時我說正在採訪風俗女子，結果他苦口婆心好言相勸：「採訪風俗業什麼的，真是拿你沒辦法。現在這種時候，應該多做一點對社會、對災區有幫助的採訪吧。」

「中村先生還是一樣有精神啊。」

「沒啊，才沒這種事咧。跟石巻一樣步入黃昏了啦。」

說完，露出酒足飯飽的笑容。我在他隔壁位置坐下，用送上的啤酒先乾一杯。

「最近的石巻如何啊？」

「嗯，跟震災之前比起來果然少了很多活力，人也都變得有氣無力的。每天光打著小鋼珠混日子……這樣下去真的不行啊。」

他繼續對現狀發了一些牢騷，終於問我：「這次是來採訪什麼啊？」我也做好心理準備。

「不好意思，做的還是上次惹您生氣的風俗女子採訪。因為一直在做，這次也因為這個原因來石巻。」

「喔，這樣啊……」

我擔心又會惹中村先生不高興，但他的表情沒有變化。於是話題繼續下去。

「我之前說過什麼生氣的話嗎？」

「哎呀哎呀，『與其採訪什麼風俗業，還不如多報導一些對小鎮有幫助的題材。』之前您不是這麼說嗎？」

中村先生大笑了起來。

「啊啊，確實真的說過這種話，哎呀真是失敬失敬。嗯，有什麼不好呢？不管是風俗業還是什麼，只要是報導石卷的事什麼都好，多多採訪吧。」

「欸——這樣嗎？感覺我白擔心了。」

「哈哈哈。那個啊，現在擔心的反而是全國民眾會不會就這樣遺忘了石卷，感到很不安。現在社會的氛圍就好像震災已經是好久以前發生的事一樣。所以說即使是風俗業的採訪，只要能夠讓石卷成為話題中心，都值得開心。多幫我們創造一些話題吧。」

之後我們不管談了什麼話題，中村先生總是重複說著：「真不想被遺忘啊。」我想這是他真正的心聲，熱愛著故鄉，殷切地希望故鄉能重拾過去的活力。

跟中村先生告別後，我離開串燒店，走在夜晚的街道上，哼著一直在腦裡轉了無數次的歌謠。那是民謠歌手高田渡（註1）將瑪莉．羅蘭珊（註2）的詩作所譜成曲

註1　高田渡（一九四九～二〇〇五），日本民謠歌手，擅長將現代詩改作為歌曲，延續明治．大正時期演歌師添田啞蟬坊的社會諷刺批判傳統，許多創作皆被列為禁歌，如一九六八年發表的〈加入自衛隊吧〉。

註2　瑪莉．羅蘭珊（Marie Laurencin，一八八三～一九五六）是法國畫家，活躍於二十世紀上半葉。

的〈鎮靜劑〉。

「……比起被放逐的女人／更悲哀的是／死了的女人。
比起死了的女人／更悲哀的是／被遺忘的女人……」

好吧，今晚不醉不歸，就到那些靠自己的力量重新站起來的人所開的店走走吧……

我朝著在石卷市中心最早重新營業的小吃店所點起的燈火，加快了腳步。

*

隔天，我從石卷出發，從河南交流道上三陸縱貫高速公路一路北上，再從登米東和交流道下到一般道路，目標是南三陸町。

路過南三陸町防災對策廳舍（註），這裡的三十位職員，最後只有十位倖存。三層樓的廳舍只剩下鋼骨結構，正面的獻花台前，一對像是夫婦的中年男女，對著鮮花合掌。海風吹在失去遮蔽的荒野上，冬枯的雜草搖動著。

我停下車，走向廳舍前合掌默哀，然後繼續沿著國道四十五號線北上。終於通過了氣仙沼市，走陸前高田快速道路越過氣仙川，進入陸前高田市。工程車有不少輛，但因為受災的面積過大，只感到稀稀落落。離海邊最近的車站「高田松原」，建築物周邊已經整理過，外圍拉著一條宣告禁止進入的繩索，一片空曠，一個人也看不到。

突然，腦中跑出了二〇一一年三月十七日抵達這裡的情景畫面。那時，有來自琦玉縣川口、川越與上尾的消防隊員，以及在地的陸前高田消防隊，持續進行遺體搜索的工作。

我和一位攝影師趕到現場，跟著他們作業，並拍下照片紀錄。在泥濘滿布的路上，一具具裹在毛毯裡的屍體並排著。他們將這些屍體用毛毯或者藍色防水布

註　下午兩點四十六分地震發生後，建築物高十三公尺的防災對策廳舍職員收到的資訊是，海嘯最高將達六公尺，因而沒有立即避難，而在二樓設置緊急防災應變中心，並繼續透過防災無線廣播呼籲民眾往高處移動。三點二十五分海嘯襲來，高度卻超過預估，來到十五公尺，所有職員逃往屋頂，抓住天線塔，但仍有二十名職員罹難。負責廣播的公務員遠藤未希直到最後一刻仍堅守崗位，犧牲了自己，被稱為「賭上性命的廣播」、「天使的聲音」，事蹟被收錄於道德教材中。

捲在一起，堆在配有履帶的作業車貨架上，運往安置所。

終於，一位消防隊員發現了我們在攝影，他馬上變臉狂奔過來，聲音中聽得出他的慌亂。

「喂！你們，這邊只有救急車輛可以進入，不知道嗎？前面的路口看板上有寫吧？從哪邊進來的啊？」

「不好意思，我們有『緊急』的標章。」

那是警方正式派發的標章，我們貼在車窗內側做為辨識。聽了我的說明，消防隊員露出一種「怎麼會發給這種人？」的表情，然後發出「唉——」的長嘆，抬頭望天。

總之那時的想法只是覺得必須盡全力把一切記錄下來而已。但至今仍忘不了那位消防隊員的長嘆與身影。

該怎麼做才是正確的？自己一直在做的事情，無法以善惡來區別。唯有形體難明的罪惡感不斷湧出。

透過車窗望著已被掏空的陸前高田市中心街景，接著開車行經好幾個町鎮，終於抵達Q市。

我在這裡即將再會的對象是，二〇一一年曾經採訪過，但卻在隔天婉拒我將之寫成報導的小瞳。

*

「咦？好像在哪見過您……」

現身在約好的情人旅館，小瞳看著我的臉，杏眼圓睜。這次的採訪是透過她工作的店，以將在正式報導中介紹店名為條件取得對方的理解，完成了預約。我對著露出驚訝表情的她，說明整個到此為止的過程，然後問了她一個我有點在意的問題：

「小瞳這一次，是出於什麼原因，願意接受我的採訪呢？」

「因為店裡叫我接受採訪，我就來了……。既然是店裡指派的，那就當成工作的一部分來做。」

之前試圖採訪的時候，是偽裝成客人指名小瞳，並沒有跟店交涉過。雖然那時完成了採訪，隔天她卻說：「畢竟是個鄉下地方，如果到處被人家講就不好了……」拒絕我把採訪內容寫成報導。這次卻完全沒說這種話。也就表示，偽裝成一般客人加以接觸，反而讓她起了戒心。早知道一開始就直接連絡她工作的店裡，從正面直接進攻來突破還比較好……再次對於自己的愚昧感到難為情。

我對坐在面前的她開始提問：

「我記得小瞳說過，海嘯來的時候你是在位於高處的公寓，從陽台看著整片街道被吞噬對嗎？」

「是的。」

她以平靜的聲調回答我的問題。深綠色的細肩帶背心，外搭灰色夾克，下半身穿著黑白條紋迷你裙，她併攏包覆著黑色絲襪的雙腿，將雙手置於其上，態度堅定。

「地震本身就搖得非常激烈，雖然聽防災無線廣播說海嘯再二十到三十分鐘左右就會來，但我當時決定先不行動，留在原地。然後海嘯就『啪——』地席捲而來，我看著許多家屋被沖走，心想：『啊，是海浪，家都被沖走了。』受到很大的衝擊。但那時還沒什麼現實感，所以說第二天感受到的打擊更大。看著被破壞得面目全非的街道，心裡完全沒辦法接受，隨著時間過去，才慢慢接受了它是實際發生的事。」

據說母親所在的老家也在同市內的內陸地帶，但道路無法通行，趕不過去，只能一直待在自己的公寓。

「我住的這一帶，瓦斯跟電力重新供應是在三個星期後，自來水則是四個星期後。家裡還有米之類的東西，用卡式爐來煮熟，其他的像水這些生活物資，就到避難所去領取。當然沒有暖氣，有好幾天也下了雪，裹著棉被硬撐了過來。因為沒有電力，一入夜便陷入一片漆黑，只能睡覺。持續著這樣的生活。」

小瞳表示，那時的受災經驗，改變了她原本的價值觀。

「該說是死亡就近在身邊嗎？那時覺得生與死就像一張薄紙的兩面。人會在一瞬間結束生命，既然如此，及時行樂不是比較好嗎？不這樣的話，人生只會徒留遺憾。」

為了過這樣的人生，需要一些物質條件，這成了她重回風俗業工作的契機。

「店裡曾打給我確認我的安全，但其實地震之前我就想要辭掉這份工作，所以沒有回電。不過漸漸地我的心境也在轉變，進入四月之後，我主動撥電話給店裡，告知雖然生活有諸多不便，但自己很平安。同時也傳達自己已經能夠出勤，若有需要請來電。然後四月十一日工作的電話來了，從那時開始恢復上班。」

「震災前後，工作上有什麼不同嗎？」

「嗯，我自己的準備心態改變了。之前接客的時候，會自顧自講很多話，不過現在會先傾聽客人。畢竟客人們都體驗過很多不得了的事，有人願意說，也有人不想說。所以首先要先分清楚客人是哪一種，再迎合對方的需求來服務。這樣做下來之後發現到，啊——，我們的工作好像在某些部分跟護理師很像呢。客人要回去的時候經常這麼說：『今天被療癒了。』對於自己也能療癒別人，心裡不由得感到開心，覺得太好了。」

據說小瞳以前從事的是化妝品推銷的個體戶，因為業績掉下來，造成經濟拮据，才敲開了風俗業的大門。

「當時，我同時兼化妝品販賣與小吃店兩份工，想都沒想過自己會進風俗業。但是為了活下去，總是要犧牲一點啊，不是嗎？我想說『女人要有膽量』，就潦下去了。話是這樣說啦，那時其實很緊張地翻著風俗情報雜誌，撥了電話到現在工作的店來。」

要習慣這份工作似乎也得花上個把月，但她說，就在不知不覺中，工作已成為日常的一部分。

「只是，畢竟是為了錢不情不願做的工作，就像剛才講的，也曾經想過要辭掉。不過因為震災，才能夠轉念為現在的想法，這麼說起來，自己也覺得很好。」

與在此之前接受採訪的其他女孩子一樣，她在恢復出勤之後，也忙了好一大段時間。對此，我拋出問題：

「回來上班之後，讓你印象最為深刻的，是怎樣的客人呢？」

「嗯……」

小瞳抱著雙臂稍微低著頭沉思，之後揚起臉。

「一位大約三十幾歲的消防員。他是從外縣市趕來這邊支援的，據說一直在Q市擔任遺體搜索的工作。在那邊，有很多不成形、根本認不出是誰的遺體；整具身體支離破碎，最後只找到腳，或者缺了頭的……還有在曾經發生火災的地方，找到的遺體就像空襲過後一樣，被燒得焦黑……他說他看了一堆像這樣悽慘無比的遺體。那時他帶著疲憊無比的表情，對我說：『感官完全麻痺掉了，連眼淚都流不出來，這次的工作改變了我的人生。』我什麼話也說不出來，只能一邊聽著他說，應和著他的話。」

我無言地點頭，小瞳繼續說下去。

「不過，倒是沒聽誰說過家人往生的事。或許有人是這樣，只是不想提起。不過這也不是我特別想知道的事情就是了。」

「確實是如此啊。其他還有哪些客人呢？」

「有人在海嘯過後的瓦礫堆中撿到現金五百萬元。不過那位客人後來有拿到警察那邊掛失。還有人地震當下因為工作去了栃木縣，結果後來花了十二個小時才開車開回來。還有人因為成為受災戶，拿到了許多慰問金，因此蓋了房子……」

她回顧這段時間來消費的，比起在地人，從外縣市來支援重建工程的人要多得多。

「從北海道到九州都有，客源很分散。現在還是這樣，不多談自己的人也不少。這種時候，我也不會多問什麼。會開口說的大部分都是些玩笑話。都來這裡了，不想讓客人心情不愉快。我會用心讓客人專注在我的服務上，帶著輕鬆快樂的心情離開。」

因為接著還安排了戶外的拍攝，採訪也差不多得結束了。我便問小瞳：

「因為想要到外面拍一些照片，你知道Q市街上哪邊還有海嘯肆虐過的痕跡嗎？」

「喔喔，我知道哪邊有。」

她直截了當地回答。因為小瞳自己開車過來，我就跟著她的車，兩台車一同開往目的地。

離開情人旅館，在街道上行駛了一陣子，在港口附近廢墟般的建築群一角，她停下車。映入眼簾的大樓一樓，那是海嘯襲來時被挖刨掉的吧，只剩鋼骨結構赤裸裸地露出。

「旁邊的空地原本有個工廠，辦公室就在這大樓裡。但就如同您看到的，現在空無一人。」

「這一帶都還沒開始整理嗎？」

「嗯，怎麼說呢……畢竟被那種強度的海嘯襲擊過了，可能不太有心情再從同一個場所重新出發吧……」

小瞳遙望遠方說著。我請她在成為廢墟的建築物前站定，按下快門。

「街上有什麼改變嗎？」

「住宅開始興建起來，一些公司也重新開始營運了。臨時住宅還有很多，不過災害公營住宅也開始蓋了。要說改變的話，大概是這部分吧。」

強風吹拂，她壓著被風捲起來的頭髮。

「已經沒有可以遮蔽海風的建築物了，風好強……」

我環顧周圍的荒涼風景，就像她說的那樣。再來我發現到，從殘存下來為數甚少的街區判斷，這裡原本應該屬於交通量很大的地段，但我們來到這邊以後，卻沒有任何一輛車經過。

「真是寂寥的風景啊。」我不經意說了出口。

「真的。誰都想像不到，自己從小長大的街區會變成這麼寂寞的樣子……」

小瞳小聲嘀咕著，她的話語彷彿又被強風帶到遙遠的彼方去，這或許是我的錯覺吧。

第十一章

震災五年後，那個女孩子現在怎麼了？

震災から五年、あの女の子はいま

停靠在仙台站第一月台的列車，閃耀著銀色的光芒。車輛是新式的柴油電力混合動力車輛，顯示牌的數位畫面亮著「快速　仙石東北線」的文字。畫面每隔一段時間便交替顯示「快速　石卷」。這是我第一次搭乘這條剛於二〇一五年五月三十日全線通車的路線。

二〇一六年伊始，東日本大震災發生已經來到第五年，我並沒有跟以前一樣租車，而是搭乘火車前往石卷。列車啟動後經過三十分鐘，就快抵達移站至靠山地帶的野蒜站時，車窗外開始出現我已經看過許多次的風景。遭受到海嘯直擊而嚴重受損的建築物殘骸，比起前一段時間，已被清理得更乾淨，放眼望去，只見長著枯草的荒涼大地。這是二〇一四年一月以來，睽違兩年的再訪。被雜誌連載追著跑的我，無情無義地疏遠了這裡，對此，我向著窗外深深致歉。

抵達石卷站之後，我先到旅館辦了入住手續、放下大件行李，接著再度外出，叫了一輛計程車，告訴司機我要去的情人旅館名稱。到了旅館，我一個人進入室內，掏出手機撥號。

「你好，是這樣的，我預約了雪子……」

告訴對方情人旅館的名字與房號，掛斷電話之後我環視房內。兩年不見了，不曉得她過得還好嗎？生活上有什麼變化嗎？因為這次並非雜誌的採訪，我打算跟一般客人一樣，支付鐘點費用，跟她聊一聊。沒有背景音樂的房內一片寂靜，我從口袋裡取出香菸點火，放空似地用視線追著煙的去向。

*

「您好……哎呀，是小野先生呢……」

打開門看見我，雪子露出驚訝的表情。

「對啊，想說都兩年沒來跟你聊天了。」

「真的欸。沒想到原來離上次見面已經兩年了呀！」

一邊說話，雪子脫掉靴子。今天的雪子，不論是風衣外套、毛衣或裙子，全部都是黑色。看到她這身穿著，心裡對她一點都沒變這部分感到安心。「首先，請收下這個。」我親手將鐘點費用交給她，雪子將錢收到一個透明的盒子，放在桌上之後，傳簡訊跟店裡報告。

「話說，兩年前我們採訪的時候談到的那個男朋友，還有繼續在一起嗎？」

「啊哈，好久以前我們就玩完了。這麼說起來好像就是那個採訪結束後不久的事。對方開始疏遠我，不那麼常找我了。」

一瞬間，她好像在回憶中找尋這個已然淡忘的人的形象，馬上又露出混合著羞怯的笑容。

「之後還有交男朋友嗎？」

「啊哈哈哈，有喔。那個，是跟之前那個男朋友交往的時候接到的客人。」

「是幾歲的人呢？」

「比我小十歲唷。」

「你好像說過自己是外貌協會的，這位也是個帥哥嗎？」

「呵呵呵……」

雪子開懷地笑了起來，一邊點頭。

「跟這位男朋友又是什麼出於什麼因緣才在一起的呢？」

「嗯……要講到這部分，得先跟您說明一下當時的情況呢。其實我差不多在兩年前，有被店裡其他的女孩子找過碴。對方四個人，其中一個是比我先進這家店的前輩，其他都是跟我差不多時間進來的。當時真的被她們逼到想辭職不幹了，現在的男朋友看到網路上的發文，覺得好像有點不對勁，因為擔心我而從外縣市開了三小時半的車來見我，讓我覺得好安慰。好像他開來的路上，自己突然察覺對我的好感，安慰完我之後，就跟我告白了。」

比起男朋友的事，我更在意的是店裡的霸凌，於是我先就這點詢問她。

「對於網路上的留言板，我自己的方針是一切不寫也不看。不過好像有客人看到，告訴我：『喂，雪子啊，你好像被人家寫了這種事欸。』唉，大概都是一些跟客人私自外約啊、拿了錢做本番之類的內容。但是我認真說起來，如果跟決定要交往的男性，是會約在外面沒錯啦，但再怎麼說也絕對不是外約。也是有人開口出價問我可不可以做本番，但我不喜歡，所以全部拒絕了。」

「這種找碴，除了在網路上，還有更直接的嗎？」

「也有啊，我一去到待命的房間，她們就會輪流一個一個跑去辦公室，不曉得跟工作人員講些什麼。整個氣氛明顯變得很詭異。就這樣持續了一個月左右，有一次我被工作人員叫去辦公室，問我：『雪子啊，那邊（待命房間）不會很難待嗎？』我也老實回答：『對啊，真的是待不太下去，氣氛很奇怪。』然後他說：『雪子，你有私自跟客人外約，做些狡猾的事情來賺錢嗎？』聽他這樣講我真的是怒了……」

雪子以憤恨不平的語調說著。

「然後呢，我就說：『我絕對沒跟客人外約。』還跟他直接嗆說：『如果你要講這樣，請把店裡的電話簿拿來，裡面有每個客人的電話。把老闆跟店長，還有傳這種謠言的女孩子叫過來，就在這裡打給每個客人對質。』」

事情似乎該到此為止，但那個小團體還是繼續找碴。

「那些人還找上我的客人，好像跟他們講了一堆我的壞話。然後有一次，一個不想蹚渾水的客人就打來店裡，說：『你們那邊的女孩子講了一些莫名其妙的話喔。』講開之後，對我的誤會就解開了，其中一個造謠的人被禁止出勤。原本想說這場爛戲也該收場了吧，卻又有一個女孩子開始去找我以外的人麻煩，到了隔年，有六個人不幹了，理由是：『不想再跟那個前輩一起待在待命的房間。』然後那個生事的人被炒了魷魚。小團體另外那三個人不知道是不是待不下去了，也自己辭職，所有問題終於迎刃而解。真是的，女人的世界就是會發生這種事呢。」

沒有啦，其實男人的世界也一樣，心裡這麼想的我，曖昧地點著頭。話題再度回到男朋友身上。

「剛剛你說，跟這個男朋友在一起的契機，是因為他在你難受的這段期間無微不至的關懷嗎？」

「就結果來說是這樣沒錯，不過他開了三小時半的車來找我的時候，我還沒有跟前一個男朋友分手。曾經為了散心跟他出去玩過，但對於男女交往這種事，我還是會先好好結束上一段感情，再正式開始下一段感情。所以他跟我告白的當下，雖然前一個男友已經開始疏遠我，我還是開誠布公地告訴他，我有交往的對象。他聽我這樣說，只回了我一句：『沒關係，我會先把對你的喜歡放在心裡。』就在這不久後，我得知前男友蓋了新家，也離開原本的公司開始自己創業，我就主動連絡他，請他工作好好加油，正式跟他提分手。然後我就接受了現在這個男友的追求，雖然我們離得很遠，沒辦法常常見面，還是開始交往了。」

「現在大約隔多久跟男友見一次面呢？」

「嗯……一到兩個月見一次吧。」

「從你們在店裡認識，到正式開始交往，中間經過多久呢？」

「半年左右吧。後來交往了兩年，所以從第一次見面到現在兩年半了。」

我的視線落在雪子臉上，並沒有看到類似不幸的色彩。我對於有點在意的另外一件事開口問道：

「說到這個，最近跟丈夫之間還好嗎？」

她又露出羞怯的笑，這麼說：

「沒有啦，那件事也沒什麼進展。不過我們算是處得還不錯喔，現在不太能去考慮離婚的事了。」

「也是因為小孩的關係嗎？」

「不不不，托您的福，我家兒子跟大女兒都結婚了。因為好事當頭，我們也不好再去說要離婚什麼的……等到之後孫子出世了，我還要幫忙他們。」

「欸！孩子們都結婚了嗎？」

這變化讓人切實感受到這兩年時間的流逝。雪子繼續用沉穩的口吻，說小女兒已經高中畢業，找到工作了。

「震災之前常把離婚掛在嘴上，震災之後就不再去提了。畢竟情況已經不一樣了，講這個感覺很奇怪。嗯，現在就是一般般的、感情還不錯的家人這樣。當然我心裡也是有一點不滿啦，不過也不太想再舊事重提了。真的，情況變成現在這樣，我們夫妻的事更顯得微不足道。」

我突然想到：

「雪子有家族合照嗎？有的話可以秀給我看一下嗎？」

「哎呀……不曉得手機裡有沒有存……」

她從包包裡拿出私人的智慧型手機，點開畫面、反覆滑動，一邊注視著畫面，她說：

「而且啊，現在我先生那邊的家人也在避難中。原本是住在○○……」

她提到的，是因為福島第一核電廠事故而被迫要避難的地區之一。

「去年在避難的新住所辦了入厝，我先生的兄弟們也聚在一起──他兄弟都對我非常好，震災的時候幫了我們很多忙。去到那邊我開始覺得，夫妻之間在一起幾十年，難免都會嫌對方討厭，有很多一言難盡的事情，但現在都不該耍任性再去提這些了。」

講到這邊，「啊，這是大女兒跟她老公。」她讓我看照片。兩個年輕人感情融洽地靠在一起，滿臉笑容。接著，「這是我先生跟小女兒。」她把畫面轉向我這邊。照片是在郊外拍的，她丈夫看起來很溫柔，與女兒笑著看鏡頭。是一張主題為家人的休假日，看起來非常幸福的隨拍。一點也感覺不到在震災發生前，曾經鬧到要離婚的那種一觸即發的氣氛。

「你丈夫也是一臉笑容呢。」我隨口這麼說。

「我啊，雖然之前跟小野先生您講得好像很嚴重，不過我們從來沒在小孩面前大吵喔。」

「的確是這樣啊，看起來就是個認真又溫柔的丈夫啊。」

「認真是滿認真的啦，呵呵……」

她露出不置可否的笑，而我則壞心眼地問她：

「也就是說，婚沒有離，可是卻交了男朋友……」

「嗯……這方面我還滿需要的，可以說它是生活的支柱吧。」

在這邊出現了一小段停頓。

「只是，在我們的社會這種行為就叫做外遇，為了不被抓包，我們減少了見面的頻率，確定真的見得到面的時候，就會馬上見面，短短幾個小時而且沒有過夜。每次見面，那個人都會對我說：『雖然我們能像現在這樣在一起，我還是很希望能跟你正式結婚，孕育我們的小孩，得到幸福。』我會慢慢老去，這種關係又沒辦法一直持續下去。他還曾一邊掉眼淚一邊說：『若能一直在一起該有多好……』但我明明白白地告訴他，我們之間不可能有結果。」

雪子繼續往下說。

「當他特地從外縣市來跟我約會時，所有的花費都由我來出。我有錢跟他這樣玩，也是因為有在做這份工作的關係，所以他會說：『在你還有在做的時候，就先讓你請囉。』實際上，對我來說，能跟理解自己的人在一起，就是我做這份工作的動力，心裡很感激。再說，約會的錢都讓男生出，我不是很喜歡。」

「感覺雪子什麼事都習慣自己來扛呢。」

「好像是吧，呵呵呵……」

「在這個意義上，你的占有欲似乎不大？」

「畢竟我也不是單身，如果我是，說不定就會有占有欲。再說我不是大他十歲嗎？我覺得自己不能綁住他。話雖如此，我還是很喜歡他喔，可以說活到現在第一次動了真情。」

我直白地提出我的疑問：

「有這麼喜歡的對象，另一方面在工作上卻得為客人做性方面的服務，你自己是如何調適的呢？」

「我分得很清楚，工作就是賺錢而已。」雪子坐直身子斷然說道。

接著她做了一些補充：

「接客的時候是一種模擬戀愛。有時候也會讓客人產生一些誤會，那我就會跟對方說明白：『我結婚了喔。』如果對方還是糾纏不休，我就會說出我另有男朋友的事。對方聽我這樣說，會說一些像是『那讓我當第二個男朋友嘛』之類的話。我也只能回他『不行啦……』這樣。」雪子開朗地笑著說。

「突然想到，這個男朋友知道雪子過去全部的男性關係嗎？」

「我有跟他聊過我到現在交過的所有男朋友的事，所以他曉得。」

「你應該是毫無保留，所有細節都開誠布公了吧？」

「哎呀這部分我真的是很不懂得變通，誠實到有點像傻瓜了，呵呵……」

她輕輕笑著。這一系列的採訪做到現在，我心中一直隱隱抱有疑問：為什麼她能夠對局外人的我，鉅細靡遺地坦白到這種程度呢？現在似乎是解開疑問的好時機，我組織了一下腦中的想法，開始旁敲側擊。

「我採訪了好多位從事風俗業的女孩子，過程中開始這麼想。或許因為工作性質的關係吧，這一行的人講話的時候，總是或多或少夾雜著一定比例的謊言。可是，跟雪子這樣聊下來，不曾讓我有這種感覺呢。」

「呵呵……就跟您說我很好懂啊，誠實得跟傻瓜沒兩樣。不管是現在的男友還是以前的，他們都跟我說過一句話：『不要把人家說的話照單全收啦。』不管客人跟我說什麼，我都很有共鳴地聽進去了。當然並不是每個人跟我講的都是真話，不過即使有謊言的成分在內，至少在服務的這段時間，我願意全心信任對方，不然豈不是太失禮了嗎？」

她這邊說的跟我想問的有點不同，但我沒有刻意引導回來，讓她繼續說下去。

「然後呢，您也知道丈夫知道我在做風俗。如果被看起來不那麼奇怪的客人問：『你從哪一帶過來啊？』我也會『就○○那一帶啊』這樣實話實說。因為什麼都說，還遇到有人這樣說：『沒看過這麼愛講自己事情的人。』就沒什麼好隱藏的嘛。只是，我回到家之後，先生從來不會過問我工作上的事，我也從來不提。在某種意義上，我覺得這算是我們之間的愛情吧。畢竟我對先生也有一點過意不去啦。」

這是第一次，雪子用「愛情」兩個字來形容她與丈夫之間的情感，我不禁屏息。話題再度繞回夫妻之間。

「隨著歲月的累積，不知不覺地就產生了這種情分了呢。」

「夫婦這種關係，不是那麼簡單說離就可以離的。因此該說是彼此扶持嗎？老公在外面欠了債，那老婆就一起工作來還債不就好了嗎？自己的想法漸漸轉變成這樣。夫妻之間不能用利益得失的角度去思考。再說我先生也不會家暴什麼的……」

「喔喔，所以說他……」

「不會。完全沒有。他很寵小孩。」

當雪子用比之前大的聲音說「不會」的時候，身體向前挺直，彷彿在強調。

我開始說自己的想法：

「怎麼說呢？總覺得當談到你先生的話題，一開始採訪的時候跟現在差滿多的呢，你的口氣好像變得很溫柔。」

「那個時候，我應該是有點過於自我中心吧。然後發生震災，讓我從很多不同的面向看見這個世界，也更驚覺自己的渺小……有很多人遭遇了更慘痛的事，自己還算是幸福的人，再怎麼說，我們還有飯可以吃，有人蓋房子給我們住，小孩也健康地長大了。雖然這樣說可能有點奇怪，因為從事了這份工作，邂逅了很多人，讓我能夠繼續往前走。」

雪子將身子靠在沙發靠背上，讓想法自由奔馳。

「如果沒有發生這場震災，你會變成怎麼樣呢？」

「我想大概會離婚吧……」

我用沒有修飾的語言應和著她。然後她小聲地說：

「所以啊，雖然我這樣講好像不太好，我們的夫妻關係是被震災所拯救的呢。」

「別這麼說，這場震災也讓你失去了雙親……」

「但是我也因此領悟了很多道理。那種過著到處都看得到的生活，身邊的人都健在，什麼都不缺、過於滿足的人，是無法理解的。爸媽『嘩——』一下就走了，讓我猛然驚覺：原來生命真的是轉瞬即逝。失去了之後，我才痛徹心扉地理解到，自己能活到現在，受到爸媽多少的支持與照顧。所以呢，我希望能把對於爸媽的感激，轉化成另一種形式，自己作為奶奶，要好好支持與照顧孩子們。」

我只能一味地點頭。

「現在不是很多這種的嗎？很多人生活圈裡都沒有人可以協助她，因為照顧上的疏失讓小孩過世，或者自己殺了小孩的也有。我覺得如果爺爺奶奶能夠幫忙的話，就不至於會這樣了。自己也帶過小孩所以很能理解，一天二十四小時都要顧小孩，『怎麼都哭不停啊？』、『怎麼都講不聽啊？』，到最後理智線斷裂，只能舉雙手投降。回過神來，想說這樣下去真的不行。那時因為我娘家很近，孩子的爺爺奶奶很常來我們家走動，幫了我很大的忙。爸媽這樣幫忙我，讓我能夠從育兒中解放出來，擁有自己的時間，沒有發生剛才說的那種悲劇。」

我看了一眼時鐘，買的鐘點時間就快到了，我轉換話題。

「今年不是震災五週年了嗎？你會覺得這五年過得很快嗎？」

「很快啊，真的。很快就過了一天，很快又過了一星期，『咦？已經五年了嗎？』有這種感覺。」

她的回答間不容髮。

「客人有些什麼變化嗎？」

「這倒是沒有。當初入店的時候我的客人就不少，最近也有很多人變成回頭客。去年秋天那時候有個有趣的現象，有些兩年不見或三年不見的客人，突然好像說好似地，都來指名跟我見面了。雖然那段時間過了之後，他們又好像蒸發一樣消失了，我心裡還是覺得很感激。」

之前在她的談話中出現的，家人被海嘯吞噬而過世的客人，其中很多到現在仍然會繼續找雪子。

「震災前就認識的客人中，有一位是這樣的，他的房子剛蓋好就被海嘯沖毀了。那位客人上個月來指名的時候跟我說：『土地終於有人買走囉。』意思是說，石卷市政府終於來收購他之前居住的那塊土地了。收購金已經匯進戶頭，所以他來報告說能夠蓋新家了。這個客人因為失去了房子，壓力很大，都要依靠服用鎮靜劑來緩解，現在好像還持續有在服用。最後他終於能露出笑容，說：『我終於要開始走運啦！』」

正如她所說，五年很快就過了，但是現在仍然在重建的漫長路上。雪子為這些男人們提供了一段極為短暫的療癒時光，是不爭的事實。我向她提出這次訪談最後一個問題。

「這份工作你打算做到什麼時候呢？」

回應我的，是她柔和的眼神。

「只要有人需要我，我就會一直做下去。還滿多客人跟我說：『別那麼快辭掉喔！』聽了心裡真的好感激。也聽過客人說：『即使雪子五十歲了，我也會來找你，不要不做了。』被這麼多人需要，我真是個幸福的人啊，很謝謝他們。」

「畢竟是進入四十歲才開始的工作嘛。」

「嗯，對啊，又是第一次從事的業種，我沒想到自己可以做這麼久。今天第一位接到的客人，上一次見面已經是五年前了。他說從震災之前就很想來指名我，但是等他時間方便打電話來預約的時候，我預約剛好都滿了。跟他工作的時間始終搭不上，直到今天終於見到面了，他說：『好想見雪子啊，真的好想，為了今天，我等了五年……』」

雪子繼續說下去。

「我回他說：『經過這五年，雖然不像人家說的「使用前、使用後」那麼誇張，不過我也年華老去了喔。』『才沒有這種事，雪子的ＡＦ讓我回味無窮。』他像這樣只惦記著我的好。哈哈哈……」

沒想到，雪子這個「特技」，當初不僅成為她挺進風俗業的武器，現在又將幫助她延續職業生命嗎?我自己想著想著開心了起來，一邊點著頭，望向她清爽無比的笑顏。

後話——曲終人散

アフターアワーズ

三個人——

二〇一六年一月上旬，想著要不要到石卷市去跟雪子見一面的我，正在打探那些曾經採訪過的女孩子的現況。結果，仍然持續出勤的女孩子，在本書登場的九個女孩子中，只有文章開頭說的這個數字而已。

要說這個數字是多是少，我覺得跟平均比起來算是多。再怎麼說，東日本大震災發生至今也過了五年了，在新陳代謝非常旺盛的風俗業界，能在同一家店上班超過五年，只能說這位女孩子在歷經長時間的考驗下，還能深受客人的歡迎與喜愛。

附帶一提，留下來的是從震災前就開始從事這份工作的小瞳、雪子與詩穗。

女孩子會一聲不響地銷聲匿跡，這就是風俗業界。

然後她們到哪裡去了？過著怎樣的生活？風俗圈外的人即使想要打探，也總是無功而返。

首先，在二〇一一年夏天到來之前，小愛就如同她私下告訴我的那般消失了。接著二〇一二年的年中，Chaco 也消失了。進入二〇一三年，小彩幾乎已經不出勤了，雖然工作室網頁上仍然列有她的名字；沙織雖然還會出勤，但跟以前比起來天數減少很多。然後，我在二〇一三年與二〇一四年之間採訪的小雅與小咲，到了二〇一五年的夏天，在各自的工作室官網上，已經都把她們的資料撤下了。

二〇一六年一月，我打電話詢問小彩與沙織的去向時，老闆白井用他招牌的沉穩語調告訴我：

「小彩她啊，精神狀態還是不太穩定，好像持續有去就醫，所以已經一年以上沒有出勤了。沙織她則是確定了白天的工作，雖然沒有辭掉店裡這邊，可是也幾乎沒辦法來工作了。」

沙織的夢想是要在家鄉重新把房子蓋起來，不知道是否實現了？白天的工作既然都定下來了，意味著她的夢想一定實現了吧。我擅自這麼想，掛掉電話。

回顧採訪這本書的過程，身處漩渦中心的我沒有停止過懷疑與猶豫。比起過去採訪過的國際衝突與悽慘的凶殺案，內心的振幅都要來得大。持續跟進採訪這起前所未有的自然災害所導致的大規模災情，內心瀕臨崩潰的同時——這麼說雖然有點不敬——還加入了好奇心與罪惡感。時不時都覺得自己就像被丟進高低起伏甚大的精神震盪中。

能夠遇見長期接受我採訪的雪子，是我最大的救贖。她對我想要知道的任何事，總是知無不言、言無不盡。對於身為採訪者的我來說，沒有比這更能帶給我勇氣與希望。

在為了採訪最終章的內容而去石卷與她見面時，我把原稿中與她有關的部分列印出來帶過去，而她就在我面前讀完了。原稿中包含了她赤裸裸的發言以及所敘述的人生故事，這些我都希望能盡量原封不動地呈現。如果她讀過之後，覺得「登出這種話會讓我很困擾」而反悔的話，我也有放棄出版這本書的覺悟。

她花了超過三十分鐘來閱讀，闔上原稿後她對我說：

「真是太了不起了，也寫得太詳細了吧，感覺我的人生都濃縮在這份原稿裡面了。」

然後她低下頭說：「感激不盡。」

「別這麼說，該道謝的是我。」

我也馬上低下頭來，一定是我從極度的緊張中頓時解放的關係，臉上盡是傻掉的表情。

與雪子道別之後，先回到寄宿的地方放下採訪工具，然後重新踏上夜晚的街道。

終於結束了……

這種解脫感，是什麼都難以取代的。我毫無猶豫，朝著經常流連忘返的串燒店前進。在那裡跟常客中村先生見過好幾次面，兩年沒去了，不知道今天是否也會遇見他呢？

在這個路口彎進左邊轉角，就會看見店面的招牌與燈光……應該是這樣的。但是，幽暗的巷子裡沒有一點燈光。這天是平日，應該不會休息才對。帶著些許訝異走近一看，消失的不只是招牌，店面原本所在的地方已經變成一塊空地。

搬到別的地方去了嗎？

姑且先這樣想，用手機撥了店裡的電話，卻是空號。

好吧，那去附近認識的店問看看好了。我還是一派輕鬆。

經營這家串燒店的是一位二十幾歲的女性。祖母在半個世紀前開創了這家店，而她在二十歲左右開始來店裡幫忙，最後終於決定由自己作為第三代來繼承這家店。有時候同學會來幫她，她一個人把店面打理得還不錯。

可愛的笑容，給人一種明朗而健康的印象。

震災的時候，襲來的海嘯水面曾經來到櫃台這麼高，從祖母那代傳下來的醬汁就這樣被沖進汪洋中。之後，在已經退休的祖母指導下，她從零開始重新製作，找回了過去那濃郁而甘甜的味道。這是中村先生告訴我的。

二〇一一年秋天，我第一次走進這家店，理由只是因為離旅館很近。應該是第二次去的時候吧，遇到一群因為來採訪震災而長期蹲點的芬蘭電視台工作人員正在用餐。那次我用很爛的英文幫忙他們溝通，也是我與身為店長的她開始可以講上幾句話的契機。看她為了服務大批客人而忙進忙出，心裡覺得有點感動，所以之後只要來石卷有過夜，我都會來這裡露臉，用印著店名的熱手巾暖手。

上一次，二〇一四年一月造訪時，她對我說：「小野先生最近又出書了呢。」我一高興就把提包裡唯一的一冊送給了她。

「那下次來的時候要請您簽名喔。」

這是她對我說的最後一句話。

「那家店，去年的彼岸節（註）遭祝融了。起火原因好像是佛壇的蠟燭，店的樓上已經整理好可以住人，總是忙著店裡的事的那孩子好像剛好就……」

在常去的酒吧，我聽到了她的死訊。

享年二十七歲。從那場震災挺過來的她，最後竟然因為這種事情而喪命，實在讓人深感懊悔，除了遺憾以外，我不知道該說什麼了。

作為一個文字工作者，我唯一能做的，就是把她拚命活過的痕跡，透過文字的形式留在這個世界上。

江里子，這些日子以來非常感謝你，請好好地安息吧。

註　彼岸是二十四節氣的日本節日之一，指春分與秋分的前三天、後三天，共十四天。在這期間舉行的佛事稱為彼岸會。

震災風俗嬢　SHINSAI FUZOKU JYOU by IKKO ONO
Text Copyright © IKKO ONO 2016
Traditional Chinese translation copyright ©2017 by Mufone Publishing Company
Original published in Japan in 2016 by OHTA PUBLISHING CO., LTD.
Traditional Chinese translation rights arranged through AMANN CO., LTD., Taipei.

文化驛站 09

荒地之花

三一一地震災區的九個風俗女子

作　　者　小野一光
譯　　者　李舜文
總 編 輯　張彤華
責任編輯　李家騏
行銷企畫　顧克琹
封面設計　沈佳德
內頁編排　柳橋工作室

發 行 人　顧忠華
出　　版　沐風文化出版有限公司
10076 台北市泉州街 9 號 3 樓
電話：（02）2301-6364
傳真：（02）2301-9641
讀者信箱：feedback@mufonebooks.com.tw
沐風文化粉絲頁：https://www.facebook.com/mufonebooks
總 經 銷　紅螞蟻圖書有限公司
地址：台北市 114 內湖區舊宗路 2 段 121 巷 19 號
電話：（02）2795-3656　傳真：（02）2795-4100
Email：red0511@ms51.hinet.net
印　　製　龍虎電腦排版股份有限公司
初版一刷　2017 年 3 月 7 日

ISBN:978-986-94109-1-5（平裝）
Printed in Taiwan
定價：　350　元
版權所有◎翻印必究

國家圖書館出版品預行編目（CIP）資料

荒地之花：三一一地震災區的九個風俗女子 / 小野一光著；李舜文譯 . -- 初版 . -- 臺北市：沐風文化 , 2017.03
面；　公分 . --（文化驛站；9）
譯自：震災風俗嬢
ISBN 978-986-94109-1-5（平裝）

1. 社會 2. 特種營業 3. 日本

540.931　　106001143